FELICIDAD

¿DÓNDE ESTÁS?

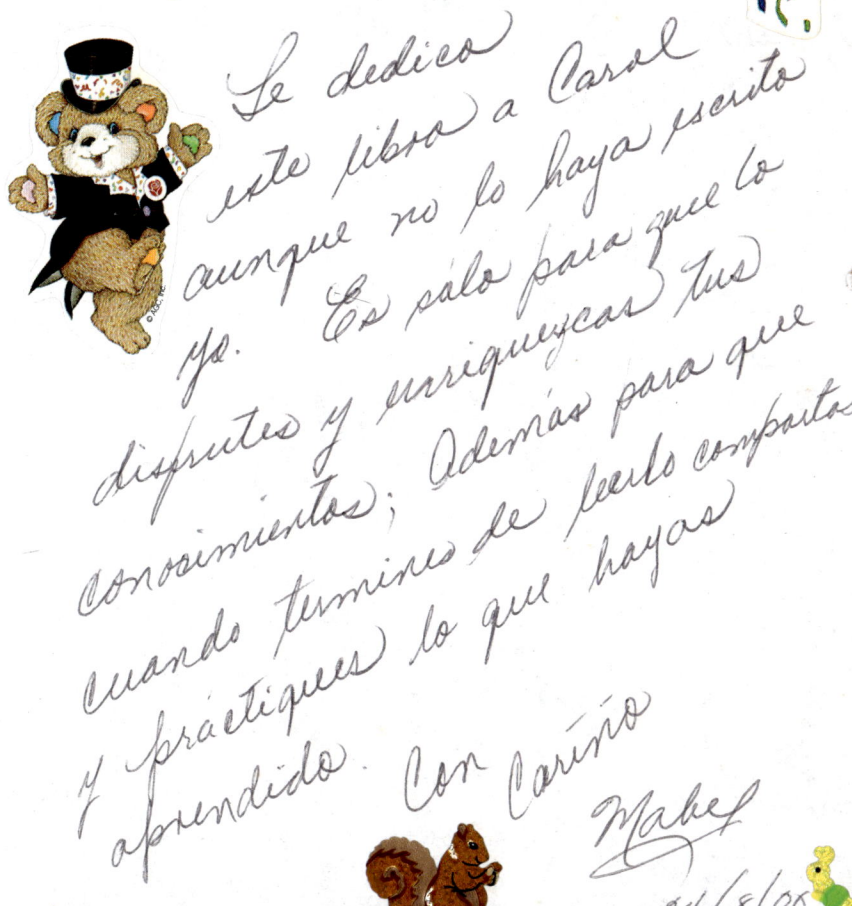

Te dedico este libro a Carol aunque no lo haya escrito yo. Es sólo para que lo disfrutes y enriquezcas tus conocimientos; Además para que cuando termines de leerlo compartas y practiques lo que hayas aprendido.

Con cariño
Mabel
24/8/00

FELICIDAD

¿DÓNDE ESTÁS?

David Noel Ramírez Padilla

Rector de la Zona Norte
Sistema ITESM

McGRAW-HILL

MÉXICO • BUENOS AIRES • CARACAS • GUATEMALA
LISBOA • MADRID • NUEVA YORK • SAN JUAN
SANTAFÉ DE BOGOTÁ • SANTIAGO • SÃO PAULO
AUCKLAND • LONDRES • MILÁN • MONTREAL
NUEVA DELHI • SAN FRANCISCO • SINGAPUR
ST. LOUIS • SIDNEY • TORONTO

Gerente de división: René Serrano Nájera
Gerente editorial: Javier Reyes Martínez
Gerente de producto: Noé Islas López
Supervisor de edición: Arturo González Maya
Supervisor de producción: Zeferino García García
Supervisora de diseño: María Luisa Velázquez Suárez

FELICIDAD ¿DÓNDE ESTÁS?

DERECHOS RESERVADOS © 2000, respecto a la primera edición por
McGRAW-HILL/INTERAMERICANA EDITORES, S. A. de C. V.
*A Subsidiary of The **McGraw-Hill** Companies, Inc.*
   Cedro Núm. 512, Col. Atlampa
   Delegación Cuauhtémoc
   06450 México, D. F.
   Miembro de la Cámara Nacional de la Industria Editorial
   Mexicana, Reg. Núm. 736

ISBN 970-10-2854-6

1234567890   09876543210

Impreso en México   Printed in Mexico

Esta obra se terminó de
imprimir en Mayo del 2000 en
Litográfica Ingramex
Centeno Núm. 162-1
Col. Granjas Esmeralda
Delegación Iztapalapa
09810 México, D.F.

Se tiraron 6,000 ejemplares

ÍNDICE

Dedicatoria

*A Magdalena y a mis hijos Magdalena y
David Noel.*

*A mis padres y a la ciudad de
San Juan de los Lagos.*

INTRODUCCIÓN

Este libro tiene como propósito compartir algunas reflexiones con aquellas personas que tienen interés por consolidar su felicidad, para lo cual he tomado en cuenta las situaciones que más frecuentemente constituyen obstáculos para alcanzarla.

Me ha motivado a escribirlo comprobar que muchas personas con quienes he tenido la satisfacción de caminar no han logrado ser felices, ni en su trabajo ni en su vida personal, en el tramo de la vida que han recorrido. En el libro quiero dar respuesta a la pregunta de por qué ellas no se sienten satisfechas con la vida, a pesar de haber logrado el éxito material y social.

Uno de nuestros grandes retos consiste en vivir cada momento intensamente, con oportunidad, valorando el tiempo como el mayor recurso que tenemos para desarrollarnos como personas. Dice el Eclesiastés:

Hay un tiempo para nacer y otro para morir; hay un tiempo para reír y otro para llorar; hay un tiempo para trabajar y otro para descansar.

Este libro está integrado por doce capítulos. En los once primeros se exponen algunas líneas de pensamiento y recomendaciones de orden práctico para enfrentar las situaciones que son obstáculos para lograr la felicidad. Sin importar la etapa de vida en la que estemos —juventud, madurez o tercera edad—, siempre estará en nuestras manos encontrar la razón de vivir y una verdadera paz interior, actitudes fundamentales para alcanzar nuestra auténtica felicidad. El último capítulo está dirigido a la pregunta que habrá de aparecer con insistencia en el ocaso de nuestras vidas: "Después de todo, ¿qué?"

El libro, escrito en forma sencilla y directa, parte de la premisa de que venimos a este mundo para ser felices y de que estamos dotados de inteligencia y voluntad para alcanzar nuestra plenitud humana. La felicidad es trabajo de nosotros mismos, de nadie más. Está en nuestras manos vivirla intensamente o renunciar a ella. Nosotros decidimos.

Capítulo I

Hay que amar y dejarse amar

Una de nuestras primeras experiencias y de las más hermosas desde que nacemos, es sentir el amor de los demás, especialmente el de nuestros padres.

Todos hemos sido testigos de que a la llegada de un hijo, la alegría y las muestras de amor son lo que más se hace presente en torno a él. Jamás seremos capaces de medir o evaluar el amor de nuestros padres hacia nosotros. Para este amor no importan desvelos ni sacrificios. Es un amor que sólo conoce la palabra DAR.

Este amor de los padres hacia los hijos es un amor que se manifiesta en la actitud de dar todo sin esperar nada a cambio. A diferencia de este amor, el que existe en una pareja incluye dar al mismo tiempo que uno espera ser correspondido. Cuando sólo uno da y el otro no, existe el peligro de que se rompa la unión de la pareja. En cambio, el amor de los padres está a prueba contra toda ingratitud de los hijos.

Es admirable contemplar cómo las madres se desviven por ayudar al hijo con problemas. Siempre están dispuestas a dar hasta su propia vida, si fuera necesario, por ver feliz a su hijo disfrutando sanamente de la suya.

Son dignos también de admiración los padres que tienen un hijo con algún problema congénito y que lejos de deprimirse o de buscar soluciones equivocadas ante ello, se dedican totalmente a sacar adelante a ese hijo, sin importar desvelos ni el sacrificio de horas de descanso. Todo se hace con tal de ver al hijo valiéndose poco a poco por sí mismo.

Es difícil encontrar una definición correcta de amor, porque amor es DAR.

Dice San Pablo:
El amor todo lo cree, todo lo espera; el amor no tiene límites.

Gracias al amor generoso y desinteresado de nuestros padres, es como tomamos conciencia de que valemos, de que debemos ver el mundo de una manera positiva. Por ello, en la sociedad actual tenemos que luchar por fortalecer la institución familiar, porque es allí donde se siembra el amor.

Cuando nos enteramos de tanta violencia y de tantos crímenes y cuando vemos personas sin ilusión de vivir, debemos recordar que la institución familiar en los últimos años se ha ido resquebrajando por diferentes causas, lo que ha traído como consecuencia que sea difícil que en nuestra sociedad reine la civilización del amor. Se habla de una crisis de valores, pero, ¿en verdad será de valores? o ¿es una crisis por la que atraviesa la institución de la familia? Porque allí es donde se reciben los valores. Pero, ¿cómo transmitirlos, si esa institución familiar se ha deteriorado? Por ello debemos esforzarnos para fortalecerla y para que vuelva a ser la escuela fundamental donde se aprenden y se interiorizan los valores.

No es fácil amar si antes uno no ha sido amado. De ahí la importancia que tiene fortalecer la familia, promover que los padres vivamos intensamente la cultura del amor de tal manera que, al sembrarla en los hijos, éstos sean capaces de vivir en armonía sus relaciones familiares; sean capaces de llevar a su trabajo y a las diferentes organizaciones esta cultura del amor, a fin de que experimenten la felicidad que se alcanza cuando se vive para dar.

En más de una ocasión todos hemos experimentado dar amor. Este amor lo hemos vivido como entrega, como búsqueda para complacer a la persona que amamos.

Muchos de nosotros hemos tenido amigos con quienes nos reunimos para impulsar alguna causa de servicio a los demás; al hacerlo, nunca pensábamos en el esfuerzo que ello implicaba ni dudábamos en colaborar y dar nuestro tiempo.

En la juventud es donde más se manifiesta la generosidad y el altruismo de los seres humanos; es la época en la que se sueña con una entrega total a los ideales.

Recordamos nuestro primer noviazgo como la etapa de nuestra vida en la que nos desvivimos por complacer, por velar el sueño y los deseos de la persona amada; la quisimos hacer feliz sin importar lo que ello implicara.

En la edad madura también damos muestras de amor, aun cuando éstas, con el paso del tiempo, sean más racionales.

Es muy frecuente encontrar matrimonios entregados a causas nobles, como los discapacitados, los niños o jóvenes con problemas de drogadicción, los niños huérfanos o abandonados.

A este respecto merece una mención especial la madre mexicana, que es todo un símbolo de entrega, ya que siempre está dispuesta a servir a los suyos y a quienes lo soliciten. En los pequeños detalles de la vida diaria, nuestras madres son ejemplo de personas que saben vivir la cultura del amor.

En la tercera edad, cuando muchos de los sueños y proyectos de la juventud ya se han realizado, cuando ya se han logrado muchas de las aspiraciones que fueron surgiendo durante la vida, el ser humano comprueba que lo más valioso es conservar el amor y el afecto de las personas. Todo lo demás pasa, todo lo demás es muy relativo.

Por lo tanto, hace mucha falta que sigamos cultivando la costumbre de acercar a nuestros hijos y a nuestros jóvenes a las personas de la tercera edad, a sus abuelos, para que disfruten de su experiencia, para que les den muestras de afecto y cariño y para que, de esta manera, sigamos consolidando la civilización del amor.

No podemos concebir un ser humano que no sepa amar. Los dones y las cualidades que hemos recibido son no sólo para nuestro provecho personal, sino también para servir a los demás, para construir la comunidad humana.

A los setenta y cinco años, el filósofo Horace Kallen escribió:

> *Hay personas cuya vida está marcada por el miedo a la muerte, y personas que son capaces de experimentar la satisfacción de vivir. Las primeras viven muriendo; las últimas, mueren viviendo. Sé que el destino puede poner fin a mis días mañana mismo, pero para mí la muerte es una contingencia sin importancia. Cuando me llegue, tengo intención de morir viviendo.*
>
> *He dejado mi huella en otra gente, y he llegado a un punto de la vida en que ya no me es imprescindible dejar huellas en nadie. Tengo expectativas para el último tramo de mi existencia, por largo o breve que pueda ser, porque por fin sé quién soy y cómo hay que encarar la vida. Transito sin miedo por este valle de sombras, no sólo porque ahora Dios está conmigo sino porque me guió hasta este punto. Todos vamos a morir, pero el único remedio para curar el temor a la muerte es saber que uno ha vivido con plenitud.*

Los únicos seres humanos que le tienen miedo a la muerte son aquellos que han desperdiciado sus días sin amar y sin dejar que se les ame. La frustración más espantosa debe ser saber que se tenía todo para amar, ser generoso y recto, pero se renunció a ello.

Nuestras vidas se nutren del amor, y éste toma de la vida la energía necesaria para seguir presente en nuestras acciones. Vivimos para amar y para valorar todo lo que hemos recibido en la vida, conscientes de que el amor es una realidad anterior a nosotros, una realidad más firme y más cierta que la propia existencia. Por ello, San Juan afirma:

> *Tanto amó Dios al mundo que le dio a su Hijo, para que el que crea en Él tenga vida y la tenga en abundancia.*

Creer en Él es creer en el amor.

El egoísmo, que es la fuente de muchos problemas en la vida, es la actitud que impide que amemos y que nos dejemos amar. Por ello debemos tener cuidado de querer ser el centro de nuestra familia, de nuestro trabajo y de cualquier actividad que emprendamos. A la larga, esta actitud nos origina frustración y soledad.

A continuación sugerimos algunos caminos o sendas para nutrirnos de amor y para derramarlo sobre los demás.

- Hay que descubrir y disfrutar todo lo bueno que tenemos. No es necesario esperar a encontrarnos con un ciego para enterarnos de lo importante que son nuestros ojos. No necesitamos conocer a un sordo para descubrir la maravilla que es oír. Admiremos la capacidad de mover nuestras manos, sin que sea preciso para este descubrimiento ver las manos rígidas de un paralítico.

☙ Hay que aceptar serenamente las partes negativas o deficiencias de nuestra existencia. No debemos angustiarnos por las pequeñas cosas que nos faltan. No hay por qué sufrir por temores o sueños de posibles desgracias que probablemente nunca llegarán.

☙ Hay que estar siempre dispuestos a ayudar a los demás. Es mejor que nos engañen tres o cuatro veces que vivir siempre desconfiando de los demás. Amar es comprenderlos y aceptarlos tal como son, diferentes a nosotros, buscar lo que nos une con los demás y no lo que nos separa; apreciar más aquello en lo que coincidimos que aquello en lo que discrepamos; ceder siempre mientras no se trate de los valores esenciales.

☙ Hay que tener bien claro un ideal valioso, que dirija nuestros esfuerzos y que nos permita centrar nuestras vidas.

☙ Hay que creer ciegamente en el bien: tener plena confianza en que, a la larga, siempre estará por encima del mal. No debemos entristecernos si algunos tienen más éxitos por caminos torcidos, ni preocuparnos por aquello de que "le va mejor a los que se portan mal que a los que se portan bien".

☙ Hay que preocuparse más por amar que por ser amados; disfrutar y gozar pensando cómo apoyar y ayudar a los demás.

☙ Hay que buscar un trabajo que permita nuestra realización personal, de tal forma que entregándonos diariamente a él, podamos disfrutarlo y aportar nuestro grano de arena para construir una sociedad mejor.

☙ Hay que tener siempre clara nuestra jerarquía de valores: que jamás las preocupaciones del tener ahoguen nuestros ideales de ser.

☙ Hay que sonreír siempre. Es frecuente que en nuestras visitas a amigos, en las reuniones e incluso en juntas de trabajo encontremos personas en las que advertimos una barrera que nos impide expresarles nuestro aprecio y cariño, barrera que evita que la vida emocional de estas personas se nutra, se alimente con nuestro afecto.

Con frecuencia encontramos también matrimonios que se han destruido porque en sus vidas domina la ofensa, porque en ellos la discusión, la burla y la crítica es el pan de cada día.

¿Cómo podrá haber felicidad en estas familias y en sus miembros si han renunciado a amar y a dejarse amar y han optado por la ofensa y la discusión?

Los padres de familia debemos tener en cuenta que fuimos nosotros quienes decidimos con libertad formar un nuevo hogar, que nadie nos obligó a ello y que nuestros hijos no fueron los que decidieron venir al mundo, sino que nosotros decidimos por ellos; nada puede, pues, justificar que nosotros malogremos su vida al hacerlos crecer en un ambiente hostil, sin paz ni felicidad.

Es también frecuente encontrarnos, a lo largo de la vida, con personas que viven una serie de frustraciones y preocupaciones que nunca manifiestan, y que no nos dan la oportunidad de manifestarles que las aceptamos tal como son, que estamos dispuestos a colaborar en la solución de sus problemas.

Para entender por qué debemos vivir para amar, tenemos que estar conscientes y valorar todo lo que hemos recibido en la vida, proveniente y como consecuencia de un amor anterior a nosotros, más firme y más cierto que la propia vida, que proviene del Ser Supremo.

También nos encontramos con personas de la tercera edad, con padres o personas solteras que aceleran o precipitan su muerte al dejar de sentirse útiles o al dejar de sentirse amados. Con frecuencia los escuchamos culpar de esa soledad y depresión a los hijos que no están alrededor de ellos.

Su actitud contrasta con la de aquellas personas que, sin tener a nadie cerca, jamás pierden las ganas de vivir, que siempre se sienten útiles y viven para servir a los demás, porque saben que si ellas no viven la cultura de amar y de dejarse amar cuando se presentan las circunstancias, pronto su soledad las deprimirá y la angustia las precipitará hacia la muerte.

Por ello, es muy importante que cuando se asoman los resplandores del ocaso de la vida, no busquemos la solución en la soledad; al contrario, debemos buscar la manera de sentirnos útiles y estar dispuestos a que los demás nos muestren su afecto y cariño.

Para poder vivir el amor, necesitamos eliminar muchos impedimentos tales como la envidia, los celos, la crítica, la ofensa, la discusión y la burla, a fin de que este amor vivifique cada una de las fibras de nuestro ser.

No es fácil amar sin haber tenido antes la experiencia de haber sido amado. Tampoco es tan sencillo dejarse amar, pues no siempre nos consideramos dignos de ese amor. En muchas ocasiones nos resistimos a él porque tememos no saber corresponder.

Necesitamos nutrirnos de amor, de tal forma que al sentirnos llenos de él, podamos derramarlo sobre las personas con quienes compartimos nuestra existencia: hijos, esposa, esposo, familiares, compañeros de trabajo y miembros de la comunidad. No olvidemos que nadie da lo que no tiene.

Un gran ejemplo de cómo se puede seguir amando y ser feliz aun en el sufrimiento más cruel, nos lo enseña la película *La vida es bella*, que nos presenta a un padre de familia en los campos de concentración que contra viento y marea sonríe y siempre ofrece una razón para que su hijo jamás pierda la esperanza de seguir viviendo y luchando.

Viktor E. Frankl, por su parte, también aborda el mismo sufrimiento de los campos de concentración en la Segunda Guerra Mundial y nos narra cómo, estando preso, el paso por su ciudad natal lo estimula para seguir adelante, para seguir amando.

Mientras marchábamos a trompicones durante kilómetros, resbalando en el hielo y apoyándonos continuamente el uno en el otro, no dijimos palabra, pero ambos lo sabíamos: cada uno pensaba en su mujer. De vez en cuando yo levantaba la vista al cielo y veía diluirse las estrellas al primer albor rosáceo de la mañana que comenzaba a mostrarse tras una oscura franja de nubes. Pero mi mente se aferraba a la imagen de mi mujer, a quien vislumbraba con extraña precisión. La oía contestarme, la veía sonriéndome con su mirada franca y cordial.

*Real o no, su mirada era más luminosa que el sol del amanecer. Un pensamiento me petrificó: por primera vez en mi vida comprendí la verdad vertida en las canciones de tantos poetas y proclamada en la sabiduría definitiva de tantos pensadores. **La verdad de que el amor es la meta última y más alta a que puede aspirar el hombre.** Fue entonces cuando aprendí el significado del mayor de los secretos que la poesía, el pensamiento y el credo humanos intentan comunicar: la salvación del hombre está en el amor y a través del amor. Comprendí cómo el hombre, desposeído de todo en este mundo, todavía puede co-*

nocer la felicidad aunque sea sólo momentáneamente si contempla al ser querido. Cuando el hombre se encuentra en una situación de total desolación, sin poder expresarse por medio de una acción positiva, cuando su único objetivo es limitarse a soportar los sufrimientos con dignidad, ese hombre puede, al fin, realizarse en la amorosa contemplación de la imagen del ser querido. Por primera vez en mi vida podía comprender el significado de estas palabras: "Los ángeles se pierden en la contemplación perpetua de la gloria infinita."

Delante de mí tropezó y se desplomó un hombre, cayendo sobre él los que le seguían. El guardia se precipitó hacia ellos y a todos alcanzó con su látigo. Este hecho distrajo mi mente de sus pensamientos unos pocos minutos, pero pronto mi alma encontró de nuevo el camino para regresar a su otro mundo y, olvidándome de la existencia del prisionero, continué la conversación con mi amada: yo le hacía preguntas y ella contestaba; a su vez, ella me interrogaba y yo respondía.

El mismo Viktor E. Frankl observó en sus terribles vivencias de los campos de concentración que:

Los que demostraron mayor capacidad para sobrevivir, incluso en aquellas situaciones límite, fueron los que estaban orientados hacia un futuro, hacia una tarea que les esperaba, hacia un sentido que querían cumplir.

Como las plantas se orientan hacia la luz, así nosotros estamos destinados a orientarnos hacia el amor.

En nuestra existencia siempre habremos de tener una razón para esperar, alguien a quién amar y algo que nos motive a seguir entregándonos a los demás. Las respuestas a cada una de las interrogantes de esta trilogía las tenemos en nuestras propias manos: encontrémoslas.

En síntesis, la vida no consiste en escribir grandes libros, en acumular grandes fortunas ni en alcanzar un enorme poder, sino en amar y ser amado.

RESUMEN

☙ A cada uno de nosotros se nos dio una vida. Una y solamente una. Toda ella debe girar en torno al amor. Para darnos a los demás debemos erradicar de nosotros el egoísmo, que es la causa de muchos problemas en nuestras vidas. Debemos olvidarnos de querer ser el centro de nuestra familia, de nuestro trabajo y de cualquier actividad que emprendamos.

☙ Debemos dejarnos amar, es decir, eliminar todas las barreras que impiden que los demás nos muestren su aprecio, su ayuda. Abrámonos a los demás.

☙ Tenemos que fortalecer la institución de la familia porque allí es donde se siembra el amor, allí se reciben los valores. No debemos escatimar esfuerzo alguno para evitar que la familia, primera escuela de los valores a través del ejemplo, se deteriore por diferentes causas. Los padres debemos vivir intensamente la cultura del amor. No es fácil amar sin antes sentirse amado.

☙ Sigamos cultivando la costumbre de acercar a nuestros hijos a sus abuelos, para que disfruten de su experiencia, para que les den muestras de afecto y cariño y de esta manera sigamos consolidando la civilización del amor.

☞ No olvidemos que la frustración más espantosa debe ser saber que se tenía todo para amar, ser generoso y recto y que se renunció a ello.

☞ Siempre, durante nuestra existencia, debemos tener una razón para esperar, alguien a quien amar y algo que nos motive a seguir dándonos a los demás. Con esta trilogía siempre seremos felices.

Capítulo II

Lo cotidiano debe fascinarnos

La fascinación es el sentimiento que nace en nosotros ante lo bello; es la atracción que sentimos ante la hermosura; es el encanto, el gozo íntimo que las cosas bellas y los actos nobles provocan en nosotros. Nos fascina una determinada pieza musical, un encuentro deportivo; nos seduce la hermosura de una mujer.

Lo más bello de este mundo lo encontramos en la naturaleza, en el diario devenir del día y de la noche, en el paisaje que forman los valles y las montañas, en las características de cada una de las estaciones del año, en la forma y colorido de una flor, de una mariposa, en el sabor del platillo favorito que nos prepara nuestra madre, en la canción que canta un amigo en una reunión, en caminar a través del campo o subir a una montaña junto con amigos, en nuestro trabajo de todos los días. Es decir, en aspectos ordinarios de la vida, que no cuesta nada disfrutarlos. Para gozar nuestro mundo sólo necesitamos tener la aptitud de fascinarnos con lo cotidiano. Cuando no podamos lograr tantas cosas como deseamos pero seamos más capaces de disfrutar de las que tenemos, habremos de entender mejor la vida. Lo interesante consiste en no desgastarnos en pocas cosas grandes sino en mil pequeñas. La vida no se resuelve de una sola vez, sino que es un desafío que hay que enfrentar a diario.

En un mundo en que no todos somos capaces de hacer grandes obras y alcanzar un éxito sobresaliente, tenemos la capacidad de encontrar grandeza en lo cotidiano.

Nos debe llenar de gozo que estemos dotados de inteligencia y, voluntad para que, libremente y mediante nuestro trabajo de todos los días, podamos dominar todo lo creado y llegar a ser lo que queremos ser. Nuestro trabajo, nuestro esfuerzo diario nos ennoblece, nos hace dueños y señores del mundo en que vivimos y de nuestra propia vida.

Si aceptamos como una verdad innegable que la mayor parte de nuestra existencia la gastamos en lo cotidiano, en lo de todos los días, en lo ordinario; en actividades relacionadas con nuestra familia, trabajo, relaciones con amigos y diversiones, servicio a la comunidad y nuestro crecimiento físico y cultural, debemos esforzarnos por disfrutar estas actividades cotidianas.

Dentro de estas áreas, la que más tiempo nos demanda es la referente a nuestro trabajo, el cual tiene sus aspectos positivos: nuestra propia realización, el desarrollo de nuestra creatividad, pero también tiene sus aspectos negativos: el cansancio, la rutina, la ingratitud cuando no se recibe el reconocimiento debido.

Si dedicamos la mayor parte de nuestro tiempo a trabajar, tenemos que aprender a disfrutar nuestro trabajo y ver en él todo un reto. Paul Claudel comenta el caso de tres canteros que trabajaban en la construcción de una catedral. A cada uno de ellos se le preguntó: ¿Qué haces? El primero respondió "tallo piedras". El segundo, "me gano la vida". El tercero, al oír la pregunta, levantó la cabeza, miró a lo alto y con los ojos llenos de ilusión, dijo: "Estoy construyendo una catedral." En cada una de las respuestas encontramos diferentes visiones del trabajo: desde una visión rutinaria y frustrante hasta aquella que nos presenta un gran reto y felicidad sin importar lo ordinario del esfuerzo que ello implica.

Es cierto, nuestro trabajo nos agota con frecuencia y no está ni puede estar exento de dificultades y retos, a veces difíciles de superar. ¿Añoraremos, por eso, una vida sin trabajo, sin cansancio, sin contradicciones?

Podemos, sí, añorarla como un sueño idealista, pero nos damos cuenta de que esa situación es una utopía irrealizable incluso para quienes poseen abundantes bienes materiales. Quienes viven en situación semejante pueden, ciertamente, prescindir de realizar una tarea diaria que requiera esfuerzo y dedicación; pueden también recortar su actividad para no llegar nunca al cansancio e intentar soslayar las contradicciones de uno u otro signo que, quiéranlo o no, se presentarán en sus vidas. Pero, ¿qué diagnóstico habría que dar de esas personas? ¿Mediocridad, carencia de espíritu de esfuerzo, carencia de espíritu de trascendencia, incapacidad para emprender cualquier tarea valiosa?

No hemos de envidiar el trabajo y bienestar de los demás. Hemos de desear para nosotros y para los demás los medios materiales y humanos necesarios para llegar a adquirir la formación adecuada que requiere la tarea que hemos elegido, sin otra limitación que el grado de desarrollo de las cualidades humanas que seamos capaces de llegar a alcanzar.

Si contamos con esos medios y con una retribución justa no debemos sentirnos fracasados por no ocupar puestos mejores, como tampoco debemos subestimar a los que se hayan quedado en estados inferiores de cultura o de situación social.

Todos los trabajos rectos y nobles son necesarios. Dependemos para nuestra vida del alimento que nos proporciona quien cultiva una parcela, como a su vez otros dependen, de una u otra forma, del trabajo que realizamos. Valemos por lo que somos y por la calidad con la que hacemos nuestra propia tarea.

También debemos tener claro que el trabajo productivo es una etapa en nuestras vidas. Llegará un momento en el que debemos trabajar más de lleno en beneficio de nuestra comunidad, en el que debemos entregarnos a todos aquellos que nos necesitan. Esta forma de vivir nuestra madurez nos llenará de satisfacción y evitará que caigamos en la soledad, la cual, fácilmente, nos llevará a la depresión.

Quienes han reflexionado en torno a la razón y misión del trabajo humano coinciden en que éste tiene una triple misión.

☞ Ante todo, es la manera en que los seres humanos nos realizamos, nos sentimos útiles; es la forma de disfrutar, día tras día, la vida.

☞ Además, nos permite ofrecer a nuestras familias un nivel de vida digno.

☞ Finalmente, con el trabajo transformamos nuestro mundo para que sea un lugar más digno para las nuevas generaciones. El bienestar del que actualmente disfrutamos es el resultado de miles de años de esfuerzo de todas las generaciones que nos precedieron. Por lo tanto, es un deber de justicia y de solidaridad ofrecer a las futuras generaciones un mundo con mayor calidad de vida.

Si aceptamos que la misión esencial del trabajo es ayudarnos a encontrar nuestra realización, a disfrutar la vida, no tenemos razón para aburrirnos y frustrarnos cuando llevamos a cabo nuestras actividades diarias.

Debemos, más bien, cuestionarnos en qué medida nos estamos realizando en el trabajo que actualmente hacemos. En una encuesta aplicada a un buen número de profesionales en relación con su desarrollo laboral y personal, una de las preguntas fue: ¿Te sientes realizado en el trabajo que actualmente desempeñas? De los que contestaron la encuesta, 41% respondió que no estaban realizándose. Ante ello, nos preguntamos: ¿Por qué siguen trabajando en algo que no les gusta? ¿Por qué han perdido interés por su trabajo? Debe ser una situación verdaderamente enajenante la de aquel que no tiene capacidad para liberarse de un trabajo frustrante o de enfrentar el desafío de encontrarle sentido al mismo. Si la mayoría de ellos eran felices con lo que hacían, pero después no lo fueron, es porque han perdido la sensibilidad de hacer lo ordinario en forma extraordinaria, de disfrutar siempre de su trabajo y de realizarse en él.

¡Cuántos ejemplos tenemos de personas que nunca han perdido esa sensibilidad de gozar y disfrutar lo cotidiano!

Muchos de nosotros somos testigos de la manera en que nuestras madres disfrutan al estar siempre ocupadas en las cosas sencillas del cuidado de la casa. Jamás las escuchamos renegar de ello; más bien, las vemos realizar con alegría su vocación de madres.

Jamás podemos aceptar que un sacerdote, después de veinte o treinta años de vida sacerdotal, durante la cual todos los días ha celebrado una o varias misas, llegue a celebrarla de manera rutinaria y tediosa. Independientemente de que haya celebrado miles de misas, siempre debe ser como fue su primera misa: espiritual y emotiva.

Conozco una secretaria que se jubiló después de 50 años de servir en una institución educativa. Jamás la vi molesta o poco atenta con quien se presentaba ante ella para solicitar una cita o un favor de su oficina; siempre estaba sonriente y dispuesta a ayudar a quien fuera. Porque para ella su vida era servir y dar, a través de ello encontró su realización.

Quién de nosotros no recuerda al menos a un maestro que después de muchos años de labor docente aún disfrutaba de su clase, entregándose sin reserva, a través de pequeños detalles a sus alumnos, como si fuera el primer semestre de su vida como profesor. Porque para él la felicidad consistía en disfrutar su trabajo, daba cada una de sus clases como si fuera la primera de ellas; de esta manera él encontró su realización. Nada más triste para un maestro que impartir su cátedra de una manera tediosa y frustrante y seguir trabajando sólo para tener qué comer.

Tenemos que esforzarnos por sacarle el mayor provecho a cada momento y disfrutar lo que está en nuestras manos mientras vivimos. *Carpe diem:* "Disfruta y aprovecha cada uno de tus días", decían los antiguos romanos. Tenemos que disfrutar nuestro trabajo haciéndolo con mucho entusiasmo, con gran creatividad, de tal manera que siempre tengamos retos que superar. No hay que olvidar que la felicidad se encuentra en gozar de la vida, en gozar de nuestro trabajo.

En nuestro quehacer diario debemos tener un ánimo emprendedor, proactivo, lo que implica aceptar que estamos bien, pero que no somos perfectos. Si pensamos de esta manera, nos motivaremos para realizar nuestros sueños y no r.os limitaremos sólo a realizar actividades que cubran nuestras necesidades.

Para crecer en nuestro trabajo se requiere que adquiramos cada día más conocimientos, que desarrollemos nuevas habilidades y que tengamos el deseo de crecer. Pero el gran reto consiste en conservar siempre esta actitud de constante superación en el trabajo, especialmente en las actividades rutinarias.

Arrastrar el pasado hacia el presente, o bien, vivir siempre pensando en asegurar el futuro, que siempre será indefinido, nos puede conducir a la desesperanza y a la tristeza. Necesitamos disfrutar siempre el momento presente: *Carpe diem*, porque al fin y al cabo es el que tenemos en las manos.

No olvidemos que tenemos la responsabilidad de dejar el mundo en mejores condiciones que aquellas en las que se encontraba cuando llegamos. Tenemos la obligación de contribuir mediante nuestro trabajo a hacer la vida mejor para todos. Nuestro esfuerzo diario en nuestras labores debe dirigirse a heredar a las nuevas generaciones una sociedad con mejores niveles de calidad de vida.

Es irónico pensar que si la mayor parte de nuestro tiempo lo dedicamos a las actividades cotidianas y ordinarias de nuestra vida, llegue a convertirse en algo frustrante y en muchas ocasiones nos lleve a caer en la depresión.

Si las cosas pequeñas y sencillas ocupan la mayor parte de nuestro tiempo y de nuestra energía, tenemos que aprender a vivirlas intensamente para no caer en el aburrimiento y el tedio, porque estos estados de ánimo nos pueden llevar a la búsqueda desenfrenada de actividades o distracciones extraordinarias, fuera de lo común. Pero esta manera de ser nos conduce a nuevos desencantos y a hundirnos en mayores aburrimientos y enfados.

Nuestro reto ante esta circunstancia tan común en muchos de nosotros consiste en disfrutar, gozar y amar lo que hacemos todos los días, de tal manera que transformemos lo ordinario en extraordinario.

RESUMEN

☙ En un mundo en que no todos somos capaces de hacer grandes obras y alcanzar un éxito sobresaliente, todos tenemos la capacidad de encontrar grandeza en lo cotidiano. Mientras más disfrutemos de lo que tenemos, mejor entenderemos la vida.

☙ Nos debe llenar de gozo que estemos dotados de inteligencia y voluntad para que, libremente y mediante nuestro trabajo de todos los días, podamos dominar todo lo creado y llegar a ser lo que queremos ser. Cada uno tenemos la capacidad de cambiar, de aprender, de evolucionar y de crecer.

☙ La vida no se resuelve de una sola vez, sino que es un desafío que hay que enfrentar a diario.

☙ Necesitamos disfrutar siempre el momento presente, *Carpe diem,* porque al fin y al cabo es el que tenemos en las manos. Si la mayor parte de nuestras vidas la dedicamos a actividades ordinarias, debemos evitar que éstas se conviertan en algo frustrante; al contrario, debemos disfrutarlas por simples y sencillas que sean. Debemos hacerlas con mucho entusiasmo y con gran creatividad.

☙ La misión principal de nuestro trabajo es encontrar a través de él nuestra realización personal; es decir, debemos ser felices ante los retos que el trabajo nos depare, a fin de aportar de esta manera nuestro grano de arena para construir una sociedad mejor.

☞ Para crecer en nuestro trabajo diario se requiere que adquiramos cada día más conocimientos, que desarrollemos nuevas habilidades y que tengamos el deseo de superarnos. Pero el gran reto consiste en conservar siempre esta actitud de constante superación en el trabajo.

Capítulo
III

*Enfrentemos
los conflictos
con armonía*

Capítulo III

I rremediablemente, en la vida se nos presentan muchos conflictos tanto de orden interno, debido a nuestra forma de ser, como externos, debido a la personalidad de los demás y a las dificultades propias de la vida.

Lo importante es aprender la manera de afrontarlos y de sacarles provecho, de tal manera que siempre convirtamos estas circunstancias en experiencias que hagan crecer nuestras vidas.

Para lograr este crecimiento, necesitamos aprender a resolver esos conflictos, para lo cual requerimos un cambio de mentalidad y una fortaleza muy singular.

Requerimos actuar en forma ecuánime, esto es, con una actitud en la que se combinen, en su justa proporción, nuestros sentimientos y nuestra razón, a fin de que sepamos reaccionar debidamente ante los problemas de la vida y vivir así en armonía interna y externa.

Cuando vivimos en armonía alcanzamos la paz interior la que, a su vez, nos ayuda a disfrutar plenamente de la vida y a crear una auténtica comunidad humana en la que todos vivamos unidos respetando los puntos de vista de los demás.

Debemos, pues, saber enfrentar los conflictos porque ellos constituyen una excelente ocasión para crecer.

Sabemos resolver los conflictos cuando el principio de ganar-ganar es norma de conducta en nuestras relaciones con nuestros padres, hermanos, cónyuge, hijos, colaboradores en nuestro trabajo y nuestros vecinos.

El principio de ganar-ganar es la única postura que nos asegura el éxito porque nos hace interdependientes, porque nos necesitamos unos a otros. Esta norma de conducta se funda en la confianza mutua, que permite creer en la otra persona y entablar con ella una excelente comunicación.

Debemos tener mucho cuidado de no querer que siempre las cosas se desarrollen de acuerdo con nuestra forma de pensar, porque con ello provocamos que nuestra relación con la otra persona se deteriore, lo cual, a la larga, nos convertirá en perdedores. No olvidemos que la única manera de vivir en armonía es luchar por cambiar nuestros patrones de comportamiento fundados en una visión egoísta.

Los conflictos se minimizan si no juzgamos a las personas por las apariencias. Todos tenemos mucho de bueno. Por lo tanto, necesitamos ser pacientes, prudentes, comprensivos con los demás. Debemos aprender a apreciar lo bueno que tiene cada persona y a evitar todo tipo de murmuración, de crítica u ofensa.

Entre los conflictos que frecuentemente perturban la paz interior de los jóvenes se encuentra la elección de la persona que será su pareja, pues conocen del fracaso y la infelicidad de muchos matrimonios.

Desde el principio de su noviazgo los jóvenes deben tener en cuenta que los matrimonios viven en armonía cuando los cónyuges fundan su unión no tanto en aspectos físicos superficiales, cuanto en el equilibrio emocional y personal que se logra cuando existe afinidad de ideas y de mentalidad, se comparten los mismos valores y, además, no hay grandes diferencias de posición social.

Otra fuente de conflicto entre los jóvenes y en muchos adultos tiene su origen en la cultura de la competencia por tener, la cual se refleja en el deseo de vestir siempre ropa de marca, poseer determinado tipo de automóvil, hacer deportes o pertenecer a algún club característico de grupos sociales económicamente superiores.

Existen muchas parejas que llegan a un nivel de angustia intolerable por no lograr un estatus social determinado. Asimismo, a muchos seres humanos les preocupa demasiado acumular riquezas y alcanzar cierto poder, para sentirse importantes en nuestra comunidad y ser adulados por los demás.

Ante preocupaciones de esta naturaleza, el conocimiento de la brevedad de la vida debe ayudarnos a dar a los conflictos y a todas las situaciones su verdadera dimensión.

"Al brillar un relámpago nacemos, y aún dura su fulgor cuando morimos, tan corto es el vivir", dice el poeta.

Reducimos a sólo un instante los más antiguos recuerdos que tenemos de los primeros años de nuestra existencia de los que somos conscientes. Palabras, gestos, situaciones o acontecimientos de nuestra infancia que por una u otra circunstancia han quedado grabados en nuestra memoria se resumen en la brevedad de unos cuantos pensamientos.

A partir de esos instantes, comienza una cadena de recuerdos cada vez más nítidos y abundantes. Y pasan los años y los recuerdos aumentan. No obstante, el comienzo de nuestra vida siempre nos parece demasiado cercano. Tan rápido pasa el tiempo y el término del camino se acerca también muy pronto. Es muy corto el vivir.[1]

Después llega un momento en el que quienes nos trajeron al mundo son llamados a dar cuenta de sus actos. En muchos casos, algunos de nuestros hermanos y amigos a quienes hemos visto trabajar, sufrir y amar, nos preceden en este viaje.

Poco a poco pasamos a ocupar la primera línea de salida. En esta etapa de la vida debemos sentirnos cercanos al juicio de Dios y reconocer nuestras omisiones y lo que debimos haber hecho y que tal vez no hicimos. Debemos sentir la necesidad de apretar el paso para encarar con más decisión el tramo del camino que tenemos por delante.[2]

Pensamientos de esta naturaleza deben ayudarnos a dar a las dificultades, a los conflictos, a nuestras inquietudes y aspiraciones su verdadera dimensión, para no ahogarnos en un vaso de agua ni desgastarnos demasiado en cualquier asunto.

Debemos aceptar los conflictos vividos con una actitud fuerte y valiente como retos que nos permiten crecer y desarrollarnos, como fueron los casos de Cristóbal Colón y de Hellen Keller, quienes, ante el conflicto, lejos de amedrentarse, se fortalecieron.

Nuestra vida, como las calles de la ciudad, tiene una acera soleada y otra en sombra. Los hombres, instintivamente, sin necesidad de que nos empujen a ello, elegimos sin vacilar la soleada en los meses de invierno y la otra en los de verano. ¿Quién es el masoquista que en plena canícula elige esa acera sobre la que el sol cae como fuego?[3]

En cambio, existe un enorme número de personas que parece que en su vida eligieron siempre las aceras sombreadas en pleno invierno. Pasan las horas rumiando sus dolores o sus fracasos, en lugar de saborear sus alegrías o alimentarse de sus esperanzas; dedican más tiempo a quejarse y lamentarse que a proclamar el gozo de vivir.

Hay circunstancias que nos obligan a caminar por la sombra: cuando llegan esos dolores que son inesquivables. Pero, aun en estos casos, el hombre debería recordar que lo mismo que en las aceras en

sombra, de vez en cuando el sol mete su rayo lumi-
noso entre casa y casa. Así también, en todo dolor
hay misteriosas ráfagas de alegría o, cuando menos,
de consuelo.

No olvidemos que nuestro bienestar depende de
manera significativa de nuestro comportamiento y
de nuestras reacciones emocionales y espirituales
ante los conflictos que se nos presentan. Debemos
aprender a controlar nuestro comportamiento y nuestras reacciones.

Si estoy enfermo, es evidente que sufro y que difícilmente puedo evitar el dolor. Pero éste no debe ha-
cerme olvidar que, por ejemplo, en ese momento
tengo siempre alguna o muchas personas que me
quieren y que, seguramente, en el dolor me quieren
más, precisamente porque sufro. Por ello, ante esa
enfermedad, puedo asumir dos posturas: una, entre-
garme a mi sufrimiento, con lo cual sólo consigo in-
crementarlo; otra, pensar en el cariño con que me
acompañan mis amigos, con lo cual lo minimizo.

¿Cuándo aprenderemos que, incluso en los momentos más amargos de nuestra vida, tenemos la
posibilidad de disminuir nuestro sufrimiento? Una
vez más concluimos que el mérito de los que encuentran la razón de vivir y su felicidad no estriba en huir
ante los conflictos o problemas que día tras día nos
depara nuestra existencia, sino en tener la suficiente
fuerza de voluntad de encararlos con una actitud
propositiva.

RESUMEN

☞ En la vida se nos presentan, irremediablemente, muchos conflictos de orden interno, cuyos orígenes radican en nuestra forma de ser, y externos, debidos a la personalidad de los demás y a las dificultades propias de la vida. Ante ellos debemos actuar en forma ecuánime, esto es, con una actitud en la que se combinen, en su justa proporción, nuestros sentimientos y nuestra razón, para así vivir en armonía interna y externa.

☞ Sabemos resolver los conflictos cuando el principio de ganar-ganar es nuestra norma de conducta en nuestras relaciones con nuestros hermanos, padres, cónyuge, hijos, colegas y amigos. Esta norma de conducta se funda en la confianza mutua y en la erradicación de la visión egoísta de que todo debe girar en torno a nosotros.

☞ El pensamiento de la brevedad de nuestras vidas debe ayudarnos a dar a los conflictos y preocupaciones su verdadera dimensión, para no ahogarnos en un vaso de agua ni desgastarnos demasiado en asuntos baladíes. El que elige la acera soleada para caminar en pleno verano es un masoquista.

☞ No olvidemos que nuestro bienestar depende de manera significativa de nuestro comportamiento y de nuestras reacciones emocionales y espirituales ante los conflictos que se nos presentan. Debemos aprender a controlar nuestro comportamiento y reacciones.

☞ El mérito no estriba en huir de los conflictos que día tras día nos depara la vida, sino en tener la suficiente fuerza de voluntad para encararlos con una actitud de ganar-ganar.

☞ La vida puede vivirse más plenamente si ante los conflictos concedemos el perdón. Esta actitud nos libera del autocastigo que conlleva la decisión de odiar.

Capítulo
IV

La soledad y la comunicación son excelentes aliadas para crecer

En nuestras vidas hay demasiado ruido e insuficiente silencio. Hay demasiado bullicio y escasa quietud. Nos hemos habituado al sonido estrepitoso, al ruido, a la confusión y a las distracciones, mientras que el silencio, la tranquilidad y la paz interior ocupan poco lugar en nuestras vidas.

El silencio ha llegado a ser imposible; la soledad, casi insoportable; la tranquilidad, algo anormal. Ya no sabemos escuchar la voz de nuestra conciencia que constantemente nos interpela sobre nuestro actuar ante las circunstancias que se nos presentan en la vida. La gente quiere ir a lugares a donde concurre mucha gente; nos gusta estar siempre saturados de trabajo. No estamos contentos con permanecer dentro de nosotros mismos y meditar acerca de nuestra razón de vivir, acerca del fin de nuestra existencia; más aún, tenemos miedo incluso de plantearnos, ya no de contestar, estas preguntas.

Con esta manera de actuar, se nos olvida que sólo en la soledad se acrecienta el alma y es en ella donde se puede entender mejor la razón de nuestras vidas.

¡Pobre del hombre que siempre necesita de ruido y diversiones para transcurrir su vida! Actualmente, los hombres le tenemos pánico al silencio; al entrar a nuestra casa, inmediatamente prendemos la televisión o el estéreo para no sentirnos solos; aún más, hay quienes necesitan tener en su casa algún animal,

gatos o perros, para darles más cariño que a sus semejantes. El silencio en el que reflexionamos sobre
nuestros fracasos y sanamos nuestras heridas es el
camino para encontrar la paz interior y el crecimiento personal.

> *Hay que ir en busca de la soledad, no para quedarnos en
> ella, sino para regresar a nuestro mundo cargados de ener-
> gía para dar y ofrecer a los demás razones para vivir. La
> soledad no es un bien en sí. Es un bien para algo y para
> alguien, es un remanso para fortificarnos que da frutos
> que otros pueden disfrutar. Se trata de una soledad tran-
> quila y creativa, en la que estamos a gusto con nosotros
> mismos porque somos nuestro mejor amigo.*

Para darle un auténtico sentido a la vida, es necesaria la reflexión que hacemos aislados del medio exterior. La soledad es benéfica, creativa y saludable; nos
lleva a una comunicación más eficaz y gratificante.
Ella nos permite encontrarnos a nosotros mismos,
identificar nuestras fortalezas y debilidades, tener la
grata experiencia de ser amados desde siempre. Esta
soledad no es temible. Ni amenazante. Es sólo la condición para que podamos cultivar relaciones signifi-
cativas en las que reine una excelente comunicación
de amor, afecto y conocimiento mutuos.

A medida que transcurre nuestra existencia, tomamos conciencia de la rapidez con que pasa el tiempo, lo cual es más evidente cuando se acerca el
atardecer de la vida.

Para un niño, ese momento le parece tan lejano como la eternidad, que no va a llegar nunca. Para el joven es aún una distancia enorme, como el final de un camino muy largo del que falta muchísimo por recorrer, por lo que piensa muy poco en ello.[4] Quien comienza a vivir la etapa de la madurez y de los frutos, mira el atardecer de la vida como otro tramo más del camino, otro tramo que se percibe cada vez más cercano.

Sin embargo, cuando se tiene conciencia del paso del tiempo, los acontecimientos se perciben como si hubieran sucedido "ayer". El pasado se nos hace presente en un instante, en una corta fracción de tiempo, como si todo hubiera sucedido en un abrir y cerrar de ojos. Es el futuro el que dilatamos, con un deseo inconsciente de que no concluya nunca. ¡Pero no podemos detener el tiempo que pasa inexorablemente!

Hace veinticinco años que nos graduamos en nuestra carrera profesional. Veintitrés años transcurrieron desde nuestra boda, hace veinte años nació nuestro primer hijo; sin embargo, parece que fueron ayer todos estos acontecimientos y tenemos fresca la memoria de todos los detalles de cada uno de ellos.

Muchos se quedan en la mera constatación del transcurso de los días, más o menos aferrados a la vida que van dilapidando casi sin enterarse. Y no llegan a plantearse con seriedad la pregunta fundamental: ¿En qué estoy empleando mi vida? ¿Qué frutos estoy dando? ¿Qué obra trascendente estoy llevando a cabo?

No nos preocupemos tanto por detener el tiempo, intento vano, sino de llenarlo de proyectos trascendentes. Desde esta perspectiva, el tiempo es mucho más que eso: es realización, es felicidad.

En cualquier organización, para realizar una buena planeación estratégica se requiere como primer paso hacer un análisis de la situación actual, lo que implica una evaluación cuidadosa de las fuerzas y debilidades de la misma, para que a través de este estudio se perciban las debilidades como áreas de oportunidad y las fuerzas como experiencias que deben ser capitalizadas y determinar los factores básicos clave para lograr el éxito. En la segunda etapa se debe definir adónde se quiere y se desea llegar, lo cual implica establecer la misión y los valores de la organización. En la tercera es necesario elegir el camino para lograr esa misión, qué acciones deben realizarse para lograr lo que se desea. Para llevar a cabo este ejercicio de planeación se requiere paz interior y reflexión.

Así como esa metodología es fundamental para realizar una buena planeación, también los seres humanos necesitamos encontrarnos a nosotros mismos de tal forma que no perdamos de vista cuál debe ser nuestra razón de vivir. A partir de la aceptación de lo que somos, necesitamos ubicarnos dentro de nuestras limitaciones, dejar de preocuparnos por lo que no tenemos y alejar de nosotros el sentimiento de frustración que puede nacer al envidiar lo que tienen los demás.

Tenemos que aprender a forjar nuestras vidas en función de los dones que se nos dieron. Ésta es una premisa básica para aprender a entender nuestra razón de vivir.

Tenemos que aprovechar nuestras experiencias de soledad para definir la misión de nuestras vidas, misión que debe estar en función de lo que damos, ya que, por lo general, de ello depende nuestra felicidad. Tenemos que definir cuál es el centro de nuestras vidas: ¿La familia? ¿El trabajo? ¿Acumular riqueza? Según lo que elijamos como centro, podremos, o no, encontrar nuestra verdadera razón de vivir. Por ello Aristóteles decía:

> *Quien halla placer en la soledad, o es una bestia salvaje o es un dios.*

Porque hay soledades creadoras como la del mismo Dios y otras estériles y agresivas como es la del leopardo, debemos preguntarnos: ¿por qué ser leopardos cuando podemos parecernos a Dios?

La soledad debe ser un remanso motivador y creativo para retomar constantemente el vuelo en búsqueda de la felicidad. Tenemos que hacer de la reflexión interior nuestra principal aliada, la amiga que nos permita enderezar el rumbo del camino, ya que fácilmente nos podemos desviar en un mundo donde el tener y el placer son vistos como un fin, en un mundo donde todo es válido y se ha perdido la sensibilidad para distinguir entre lo bueno y lo malo. Necesitamos darnos tiempo para estar a solas con nosotros mismos.

No tengamos miedo a esta soledad, sino a la que nos lleva a la angustia y desesperación que sufren aquellos que no son capaces de detenerse ante la luz de los verdaderos valores para enfrentarse a los desafíos y conflictos que conlleva el mundo en que vivimos.

¿Cómo actuar ante esta soledad? Para quien la padece, lo primero que tiene que hacer es preguntarse a sí mismo hasta qué punto él mismo es responsable de sufrir dicha soledad. Normalmente, esta soledad la viven personas que empezaron por rodear su alma de complejos, temores y odios sin razón, a sentirse autosuficientes y soberbios. Primero se cierran, luego lamentan no tener amigos. *"Quien marcha por la vida sin bajarse del caballo, va quedándose solo"*, afirma Luis Rosales. Sólo liberándose o bajándose del egoísmo se puede esperar compartir la vida con los demás.

Una auténtica soledad debe ayudarnos a adquirir habilidad para comunicarnos eficientemente con otras personas. La comunicación es tan importante hoy en día en las organizaciones que en la medida en que se logra mejorarla en los principales niveles de la estructura organizacional, se incrementa de una manera notoria el rendimiento de la empresa, por el hecho de haber eliminado los obstáculos y las barreras que obstaculizan la comunicación.

Parece irónico, pero muchos de nosotros tenemos fallas para comunicarnos. No sabemos hacerlo. La falta de comunicación nos genera conflictos, malas interpretaciones, sospechas, inseguridades, nos lleva a pensar equivocadamente acerca de lo que otra persona nos dijo o dejó de decirnos.

La comunicación es el mejor instrumento para consolidar nuestra relación con otra persona, especialmente con nuestro cónyuge. Una de las estrategias más útiles para mejorar la comunicación en nuestra convivencia diaria con nuestra pareja la constituyen los cumplidos verbales o palabras de aprecio: te ves muy bien con ese vestido, qué sabroso está el arroz y otras frases similares. Cuando recibimos palabras estimulantes, nos sentimos motivados para retribuir en la misma forma.

Otra estrategia para fortalecer la comunicación entre la pareja consiste en tener presente que el propósito del amor no es lograr lo que yo quiero, sino hacer algo por el bienestar de la persona que amamos. Amar requiere empatizar, es decir, ver el mundo desde la perspectiva de nuestro cónyuge, desde la perspectiva de lo que es importante para él o ella. Cuando se ama, se hacen peticiones, no demandas. Por ejemplo, si nuestra esposa tiene interés de perder peso, no hay que presionarla de manera agresiva, sino hacer comentarios tales como: "siempre que te propones algo lo logras", "éstas son las cosas que me gustan de ti".

Otra estrategia para mejorar la comunicación es el tiempo de calidad que le dedicamos a nuestra pareja. Comunicación de calidad es dar a alguien una atención completa, no hablarle mientras leemos el periódico o vemos televisión, sino mirándola a los ojos, dándole toda la atención, haciendo algo que ella disfrute plenamente y de todo corazón. Son comunicaciones de calidad: caminar juntos, ir al cine o al teatro, hacer alguna obra social juntos.

¿Por qué al paso de los años muchas parejas pasan a vivir un silencio sepulcral, cuando antes tenían una buena comunicación? Entre las causas que más se aducen está el hecho de que las ocupaciones de los cónyuges son diferentes, no tienen nada en común; por ello Juan Pablo II afirma:

Nuestra vida se confunde en buena parte con las actividades que desarrollamos. Por eso, cuando el trabajo de los cónyuges es muy diferente, la comunicación y la ayuda se hacen muy difíciles.

De ahí que cada uno de los esposos debe esforzarse por entrar y entender el mundo del otro, pues de otra forma estarán condenados al silencio y a la soledad. Otro factor es la rutina: sin darnos cuenta, la comunicación es cada vez más escasa y, por ello, más difícil. El anquilosamiento lo desgasta todo. También el cansancio que nos provoca el trabajo diario nos lleva a enmudecer ante nuestro cónyuge cuando llegamos al hogar.

Cuando tenemos algún problema o resentimiento nos cuesta trabajo hablar de él con el cónyuge, preferimos guardar silencio. No cabe duda de que la comunicación conyugal es muy difícil, pero es indispensable para lograr la armonía y felicidad de los que se aman. La ausencia de comunicación puede llevarnos al paso del tiempo al fracaso de nuestra relación conyugal.

Cuando no aprendemos a comunicarnos correctamente con nuestro cónyuge, es fácil caer en tres diferentes actitudes.

- La primera: vivir un pacto de sumisión del más débil al más fuerte. El más débil renuncia a toda esperanza de reabrir la comunicación después de varios pleitos y se rinde. De esta manera nace la división de roles: uno manda, el otro obedece.

- Otra actitud consiste en establecer una división de poderes, que es lo más frecuente. Después de algunos arreglos, se delimitan los campos de autoridad de cada uno y se establece un pacto de no intervención. Ello, lejos de consolidar la unidad, obliga a vivir siempre en una actitud hostil.

☞ La última actitud implica no tocar temas difíciles que pueden generar controversia entre la pareja, porque tocar alguno de ellos se considera una agresión.

Cualquiera de estas tres actitudes están equivocadas. Desgraciadamente, las tres abundan, por lo cual es imprescindible esforzarnos para no caer jamás en alguna de ellas.

El gran problema que presenta la comunicación es que una cosa es lo que dice el que se comunica y otra cosa es el mensaje que registra el que escucha, el que recibe el mensaje. Se ha comprobado que en muchos casos la información que se emite no es igual a la que se recibe. Por ello, en nuestras relaciones de pareja, con los hijos, con los amigos o con los colegas siempre debemos verificar que lo que dijimos es lo que la otra persona entendió.

Debemos ser cuidadosos no sólo con nuestra comunicación oral, sino con nuestras expresiones corporales, ya que a través de ellas también enviamos mensajes tanto positivos como negativos.

Es frecuente ver padres con una serie de angustias y resentimientos con respecto a los hijos, o viceversa, porque interpretan mal los mensajes que reciben. Sin embargo, no son capaces de salir de la duda porque no saben aclarar los malos entendidos.

Comunicarse bien es la clave para saber vivir con otros y es fuente de éxitos y satisfacciones. Lo contrario puede ser causa de una permanente frustración.

RESUMEN

☞ Sólo en la soledad se acrecienta el alma y es en ella donde se puede entender mejor la razón de nuestras vidas. ¡Pobre del hombre que siempre necesita ruido y diversiones para llenar su vida! El silencio en el que reflexionamos sobre nuestros fracasos y sanamos nuestras heridas es el camino para encontrar la paz interior y el crecimiento personal.

☞ La soledad no es un bien en sí mismo. Es un bien para algo y para alguien, es un remanso para fortificarnos y dar frutos para que otros puedan disfrutar. Es una oportunidad para cargar la energía que nos permite ofrecer a los demás múltiples razones para vivir.

☞ La soledad debe ser un remanso motivador y creativo para retomar constantemente el vuelo en búsqueda de la felicidad. Necesitamos darnos tiempo para estar a solas con nosotros mismos. No tengamos miedo a esta soledad, sino a la que lleva a la angustia y depresión que sufren aquellos que no son capaces de detenerse ante la luz de los verdaderos valores para enfrentarse a la vida.

☞ Preocupémonos no tanto por parar el tiempo, intento vano, sino de llenarlo de proyectos trascendentes. Desde esta perspectiva, el tiempo es mucho más que eso, es realización, es felicidad.

🙘 La falta de comunicación nos lleva a conflictos, a malas interpretaciones, a sospechas, a inseguridades, a pensar equivocadamente acerca de lo que otra persona dijo o dejó de decir. Se ha comprobado que el principal factor de desunión entre las parejas es la falta de comunicación. Parece irónico, pero así es: no sabemos comunicarnos.

🙘 El gran problema que se presenta en la comunicación es que una cosa es el mensaje que envía el emisor y otra es la que registra el que escucha el receptor del mismo. Se ha comprobado que en muchos casos la información que se emite no es igual a la que se recibe. Por ello, en nuestras relaciones de pareja, con los hijos, con los amigos, con los colaboradores en el trabajo, etcétera, siempre debemos verificar que lo que nosotros dijimos es lo que la otra persona escuchó.

🙘 Comunicarse bien es la clave para saber vivir con otros y es fuente de éxitos y satisfacciones. Lo contrario puede ser causa de una permanente frustración.

Capítulo
V

Nuestro sistema
de valores:
piedra angular
de la felicidad

Capítulo

V

La columna vertebral sobre la que descansa la solidez moral de una persona es su sistema de valores. Por eso, a este sistema se le define como "la fuerza que gobierna nuestro comportamiento ante las disyuntivas que nos presenta la vida".

Si nuestra familia nos transmite los valores correctos y si éstos se han fortalecido durante la educación escolar, lo más seguro es que decidamos correctamente en las diversas circunstancias de nuestra vida.

Para internalizar los verdaderos valores en nuestros hijos, como padres de familia debemos, sobre todo, dedicarles tiempo de tal forma que a través de la convivencia con ellos podamos trasmitirles, con nuestros consejos y sobre todo con nuestro ejemplo, verdaderos valores tales como la honestidad, la integridad, la verdad, la justicia, el respeto y la dignidad de la persona humana, la responsabilidad, la solidaridad e incluso el amor al trabajo. De esta manera, nuestros hijos harán suyos nuestro modo de pensar, de sentir y de tratar a los demás.

Es difícil que nuestros hijos actúen correctamente si, en lugar de que seamos nosotros, son sus amigos o los medios de comunicación los que les enseñan cómo comportarse ante las diferentes situaciones a las que habrán de enfrentarse en su vida.

El sistema de valores se trasmite a través del ejemplo, sobre todo, del ejemplo de los padres. Por eso, una de las responsabilidades más grandes que tenemos es educar a nuestros hijos de acuerdo con un sistema de valores que les dé la capacidad y la sensibilidad necesarias para distinguir entre el bien y el mal, entre lo que es justo e injusto, entre lo honesto y lo deshonesto, entre lo que es libertad y lo que es libertinaje.

Esta educación en los verdaderos valores es ahora más necesaria que en épocas anteriores, dado que en el ambiente reina la mentalidad de que todo está permitido, de que el criterio para definir lo que es bueno y lo que es malo lo define la mayoría, de tal manera que si ésta utiliza la corrupción o el soborno para lograr las metas que se ha propuesto, podemos aceptar esta práctica como correcta ya que "todo el mundo lo hace". Debemos recordar que "el mal es mal aunque todo mundo lo haga; y el bien es bien aunque nadie lo practique".

Es también muy común entre la gente pensar que si no se molesta directamente a nadie, podemos hacer lo que nos dé la gana. Debido a que se actúa con estos criterios, cada vez es mayor la corrupción en las empresas y entre los servidores públicos, la debilidad de la institución familiar y el índice de los fracasos matrimoniales, la injusticia en contra de los obreros y el consumo cada vez más generalizado de productos que atentan contra la salud.

Debemos convencernos de que los valores auténticamente humanos son el cimiento en el que debe basarse tanto nuestra realización personal como el desarrollo de las comunidades y de las naciones. Cuando Dios le dijo al rey Salomón que le pidiese lo que quisiera ya que él se lo daría para que desempeñase bien su misión de gobernar a ese gran pueblo, Salomón se limitó a pedirle: "Señor, dame sabiduría y un corazón dócil, para que sepa gobernar con justicia y discernir entre lo bueno y lo malo." Estas palabras agradaron al Señor porque no le pidió larga vida, ni riqueza, ni la muerte de sus enemigos. En este párrafo encontramos una jerarquía de valores correcta: lo prioritario es actuar con justicia y saber discernir entre lo bueno y lo malo; lo demás vendrá por añadidura.

El hombre debe tener como meta vital desarrollarse para alcanzar su plenitud humana. Por lo tanto es bueno todo aquello que le permita conservar, promover y desarrollar sus facultades superiores y su dignidad personal. Debemos partir del supuesto de que estamos completos, pero no terminados. Esta forma de pensar debe motivarnos para seguir desarrollándonos con base en sueños e ideales, no en las carencias.

El hombre debe desarrollar su potencial humano también con miras a desarrollar la sociedad, de tal manera que se logre una convivencia más humana y más justa. La educación basada en auténticos valores del hombre y su dimensión solidaria con respecto a la sociedad son elementos indispensables para generar un mundo más humano y crear un futuro mejor para nuestros hijos.

Si se tienen en cuenta estos pensamientos en las encrucijadas de la vida y en la toma de decisiones, se comprende por qué conservar y acrecentar un sistema de valores auténticamente humanos es una prioridad para lograr el bienestar personal y la supervivencia de la sociedad.

La sociedad no puede construirse únicamente sobre un sistema de leyes. Debe cimentarse en algo más sólido. La solución no está sólo en las leyes, sino en el sistema de valores que guía la actuación de los individuos. Los romanos decían que las leyes de nada valen sin el apoyo de las costumbres y de los hábitos morales de las personas. En efecto, poco ayuda contar con leyes justas si la autoridad es fácilmente corrompida.

Si los individuos y las instituciones no fundamentan su actuación en un sólido sistema de valores, ni el individuo alcanza su felicidad ni la sociedad su auténtico desarrollo. Cuando vemos el desarrollo tan desigual en muchos países del mundo, entre ellos nuestra patria donde existen más de treinta millones de personas en extrema pobreza; cuando millones de seres humanos viven una situación de depresión como es el caso de Estados Unidos donde, según datos de la Organización Mundial para la Salud, de cada tres habitantes, uno padece de depresión crónica, no podemos más que aceptar que este sistema de valores auténtico está ausente en los individuos y, por lo tanto, en la sociedad.

Cada vez es más evidente que el progreso de las naciones no depende tanto de los recursos naturales ni del capital financiero cuanto del recurso humano, de su nivel de conocimientos, de sus habilidades y, sobre todo, de sus valores. A este respecto se ha dicho que la confianza es uno de los activos más valiosos de una sociedad. Ahora bien, la confianza se genera cuando hay honestidad, cuando se es fiel a la palabra dada, cuando se es íntegro, veraz, cuando se obra con justicia y se tiene un profundo sentido de responsabilidad.

De igual manera, la solidez de la institución familiar se basa en el amor y en el cumplimiento fiel de las exigencias de este amor para toda la vida. Es difícil aceptar que alguien que es infiel en su matrimonio sea fiel en la administración de los negocios o en cualquier otra actividad humana.

La convivencia pacífica y productiva se fortalece cuando se cumplen las exigencias propias de la justicia, exigencias que muchas veces van más allá de las leyes. La dignidad de la persona exige ir más allá de la inclinación de nuestros instintos, dado que tenemos que respetar a los demás en todos los aspectos, en su cuerpo, en su forma de ser y de pensar. La justicia social supone creer en el valor trascendente de la persona tanto de quien ofrece el trabajo como de quien lo ejecuta.

El deterioro de nuestro sistema de valores nos debe hacer comprender la necesidad que tenemos de evitar vivir de acuerdo con la cultura llamada "de doble estándar": participar en actos religiosos y vivir en tal forma que nuestra actuación contradiga lo que profesamos; decirnos creyentes y pagar mal al personal de servicio, a los obreros; criticar, difamar, hacer negocios dando compensaciones para obtenerlos; creer que todo es válido y que lo único prohibido, como dijo un alto directivo con posgrado, es matar y tener una amiga de planta. Por ello, va en contra de un sistema de valores auténticos tener la conciencia tranquila y al mismo tiempo consumir drogas, obtener negocios ofreciendo bonificaciones, robar como medio de compensación, tomar como tema de conversación la crítica y la difamación.

Debe ser también norma de conducta fundamental vivir y obrar con base en un criterio de bondad y generosidad. Actuar de esta manera es lo más hermoso que el ser humano puede experimentar en su existencia. Descubrir que ello es atractivo y motivante es tarea de cada día.

Vivir de acuerdo con la bondad es vivir y aplicar la ley del amor; es tener la capacidad de ponernos al servicio de los demás, de la familia, de los colaboradores en el trabajo, de la comunidad a través de asociaciones o agrupaciones.

Juan Pablo II en su mensaje de agosto de 1997 a los jóvenes, en París, dijo:

El que ama no hace cálculos, no busca ventajas; actúa en secreto y gratuitamente a favor de sus hermanos, sabiendo que cada hombre tiene un valor infinito.

Vivir con bondad implica pensar constantemente en cómo servir mejor a todos aquellos con quienes interactuamos dentro de la familia, en el trabajo, en la comunidad. La humanidad tiene necesidad de una nueva generación que actúe con bondad, que abandone la visión utilitarista y pragmática de hacer sólo aquello que brinda ventajas o provechos personales.

Albert Einstein, en su escrito *Cómo veo yo el mundo*, se expresó de la siguiente manera:

El verdadero valor de un ser humano está en su capacidad de desprenderse de sí mismo... El hombre debe valorarse por los beneficios que aporte a otras personas y no por los bienes que recibe de los demás.

Si queremos ser felices, tenemos que aceptar que sólo cuando vivimos sirviendo a los demás encontramos el único camino que desde los puntos de vista psicológico, cultural, social y espiritual es capaz de llevarnos a la madurez humana. No es a través de la cultura del individualismo o egoísmo como descubriremos la razón de vivir. No olvidemos que el egoísmo es la fuente de todo tipo de inmoralidades. Los divorcios, los abortos, los secuestros, los trabajadores mal remunerados, la corrupción y la cultura de acumular son fruto de esta visión egoísta. En cambio, el amor y el respeto a los demás es la verdadera fuente de la moralidad. El mutuo servicio y la apertura hacia los demás son el camino para crear una sociedad más justa y feliz.

La vida nos enseña que gracias a la bondad podemos eliminar de nuestros corazones los resentimientos, el rencor y el desasosiego que sentimos cuando odiamos.

La bondad también crea en nosotros un corazón agradecido. Tenemos que ser siempre agradecidos por las amabilidades y favores que recibimos, independientemente de quienes provengan. Ser agradecido contribuye a obtener una estabilidad emocional que produce en nosotros una gran paz interior.

En síntesis, la bondad vivida en plenitud nos conduce invariablemente a nuestra plenitud humana.

RESUMEN

☞ La columna vertebral en la que descansa la solidez moral de una persona es su sistema de valores. Por eso, a este sistema se le define como "la fuerza que gobierna nuestro comportamiento ante las disyuntivas que nos presenta la vida".

☞ No olvidemos que si adquirimos en nuestra familia los valores correctos y si éstos se han fortalecido durante la educación escolar, lo más seguro es que decidamos correctamente en las diversas circunstancias de nuestra vida.

☞ Para que nuestros hijos hagan suyos los verdaderos valores, tenemos que dedicarles tiempo, de tal forma que a través de nuestra convivencia con ellos asuman nuestro modo de pensar, de sentir y de tratar a los demás.

☞ La educación de nuestros hijos en los verdaderos valores es ahora más necesaria que en épocas anteriores, dado que en el ambiente reina la mentalidad de que todo está permitido, de que el criterio para definir lo que es bueno y lo que es malo lo define la mayoría. Al respecto no olvidemos "que el mal es mal aunque todo mundo lo haga y el bien es bien aunque nadie lo practique".

☙ El procedimiento para crear una sociedad más justa no radica sólo en las leyes, sino en el sistema de valores que guíen la actuación de los individuos. Si éstos y las instituciones no fundamentan su actuación en un sólido sistema de valores, ni el individuo alcanza su felicidad ni la sociedad su auténtico desarrollo.

☙ Einstein dijo: "El verdadero valor de un ser humano está en su capacidad de desprenderse de sí mismo... El hombre debe valorarse por los beneficios que aporte a otras personas y no por los bienes que recibe de los demás." En síntesis, la bondad vivida en plenitud nos conduce invariablemente a nuestra plenitud humana.

☙ La generosidad debe ser norma de conducta en nuestras vidas. Actuar con base en ella es lo más hermoso que el ser humano puede experimentar. Descubrir que ello es atractivo y motivante es tarea de cada día.

☙ "El que ama no hace cálculos, no busca ventajas; actúa en secreto y gratuitamente en favor de sus hermanos, sabiendo que cada hombre tiene un valor infinito." (Juan Pablo II.)

Capítulo VI

Jerarquicemos el ser y el tener para que nuestras vidas tengan dirección

La vida nos enseña que nuestra felicidad depende de la meta hacia donde enfoquemos nuestra atención. A todos se nos ha dado el privilegio de elegir hacia dónde dirigir nuestros esfuerzos. No es correcto desear obstinadamente cosas que no poseemos, o bien, preocuparnos demasiado por las que tenemos. Esta actitud contamina todo lo bueno que hemos recibido. Tenemos que esforzarnos para determinar correctamente en qué vamos a centrar nuestra atención. No podemos permitir que el tener ahogue el ser.

En el mundo existen dos clases de hombres: los que valen por lo que son y los que sólo valen por los cargos que ocupan o por los títulos que ostentan. Los primeros tienen una gran paz interior; pueden ocupar, o no, puestos importantes, pero nada ganan realmente cuando los asumen y nada pierden cuando los abandonan. Además, el día que mueren dejan un hueco en el mundo. Los segundos, que están tan llenos de vanidad, creen que valen por la forma como se presentan o por los títulos que ostentan. Empiezan no sólo a brillar, sino incluso a existir, cuando los nombran presidentes de consejo, directores de alguna empresa o los eligen para algún cargo público. Pero regresan a la inexistencia el día que pierden honores y títulos. El día que mueren, lejos de dejar un hueco en el mundo, se limitan a ocuparlo en un cementerio.

A pesar de ser las cosas así, lo verdaderamente asombroso es que la mayoría de las personas no luchan por ser alguien, sino por tener algo; no se apasionan por llenar sus almas, sino por ocupar un sillón; no se preguntan qué tienen por dentro, sino qué van a ponerse por fuera. Tal vez sea ésta la razón por la que en el mundo hay tantas personas que viven para que los demás vean que tienen dinero o poder, y tan pocas las que viven liberadas de la obsesión de tener.

El dinero y el poder no satisfacen jamás el deseo de ser alguien. Muchos ricos y poderosos siempre anhelan algo más, que nunca lo encuentran en el tener. La vida nos enseña que la riqueza no es la respuesta. Se puede perder el dinero tan fácil como se ganó, o bien, al morir, se le dejará a alguien que no trabajó para reunirlo. Por ello, el Eclesiastés afirma:

> *Qué provecho saca el hombre de trabajar diario desde que sale el sol hasta su ocaso si su vida es igual que la de las flores que en la mañana están llenas de hermosura y vigor y en la tarde están marchitas y en unas cuantas horas se secan.*

Ambicionamos el éxito por el éxito mismo, queriendo en esta forma medir nuestra propia capacidad para escalar peldaños, de tal manera que los demás admiren nuestra capacidad de éxito. Muchos venden su casa y se mudan a otra ciudad, obligando a su familia a adaptarse a un nuevo ambiente y a nuevos colegios sólo porque un ascenso laboral lo justifica. No es seguro que estos cambios produzcan grandes beneficios económicos, pero nos cuesta mucho resistir el desafío. Lo que nos tienta no son tanto las gratificaciones del éxito como el éxito en sí mismo: queremos saber hasta dónde podemos llegar por nuestros propios medios.

Es triste ver cómo, en lugar de tomar la vida como un torneo y la victoria como un fin, comenzamos a ver el éxito como el medio necesario para llegar a un fin. Ya no nos preguntamos: ¿hasta dónde puedo ascender?, sino ¿qué clase de vida me deparará el ascenso? Nos preocupamos sobre todo por escalar peldaños para tener más satisfactores materiales, más reconocimiento de los demás y no la satisfacción de sentirnos realizados como seres humanos, por haber utilizado correctamente nuestro carisma.

Muchos creemos que la felicidad se encuentra en ambicionar la riqueza y el poder, porque son claves para dominar a los demás. Se supone que si se cuenta con dinero e influencias, se es más feliz. Sin embargo, este enfoque contiene dos falacias. Primera: nadie puede tener tanto poder como para controlar todo. El mundo es demasiado complejo como para que alguien pueda controlarlo. Segunda: la búsqueda de la riqueza y del poder tienden a separarnos de nuestros semejantes.

Muchos viven en una cruel competencia, en lugar de una auténtica colaboración, situación que hace muy difícil la relación con los demás. Esta vivencia la encontramos con mayor frecuencia en los ambientes laboral y social, creando un mundo deshumanizado y enajenante. Cuántos proyectos para beneficio de las empresas y de la sociedad quedan truncados debido a que si no es lo que uno propone, o bien, lo que beneficia la imagen propia, no lo apoyamos, sin importar el daño que hagamos a la empresa o a la comunidad. Estamos enajenados en una torpe competencia de cómo tener más poder y riqueza en lugar de cultivar y vivir una sólida colaboración. El amor sólo se da entre los seres que se consideran iguales.

No olvidemos que es rico aquel que está contento con lo que tiene y no aquel que cada vez desea poseer más.

☞ Vale más la escasez que se lleva sin aspavientos y con generosidad que la riqueza que se disfruta en forma egoísta.

☞ Vale más el talento modesto que constantemente se pone por completo al servicio de los demás que la brillante inteligencia que busca su propio interés.

☞ Vale más la libertad que gustosamente se somete a la verdad y al bien, que la falsa libertad que se rige por la ley del gusto o del capricho.

Maquiavelo decía:

> *Es más fácil arrebatarle a un hombre su familia que sus bienes; es más fácil que a un hombre se le prive de sus ideas que de los bienes que la sociedad le da. El peso de uno y de otro se pone, segundo a segundo, en la balanza y para una gran mayoría, el peso mayor lo tiene la comodidad de tener y no el reto de ser.*

Muchas parejas han perdido su felicidad y paz interior porque están muy preocupados por tener el mejor automóvil, cambiarse de colonia, realizar viajes a lugares donde sólo acuden personas con determinado nivel de ingresos. Muchas parejas se lanzan a construir casas más allá de sus posibilidades, o llevan un nivel de vida fuera de su alcance, lo cual les provoca un gran estrés, e inclusive angustia. En muchas ocasiones soportan estos estados emocionales con tal de que los demás sepan que ellos pertenecen a determinado nivel socioeconómico.

Con el afán de tener más, funcionarios públicos, empresarios y profesionales cometen todo tipo de fraudes, destruyendo su vida y la de los miembros de su familia. Todo por el afán de tener más, sin pensar que siempre habrá alguien que tenga más que ellos. Se les olvida que lo más relevante para los hijos es ofrecerles el ejemplo de que lo que importa es ser y no tener. De qué sirve tener una gran casa y pertenecer a los clubes más exclusivos, si la comunidad sabe que es hijo o nieto del que robó al pueblo, a una empresa, o que cometió múltiples injusticias con el afán de tener más.

Es doloroso ver que muchos padres trabajan y se desviven por dejar a sus hijos determinados bienes, lo cual lejos de que les sirvan de apoyo para enfrentar sus retos, y les permita crecer y unir a la familia, los lleva a una avaricia que los desune. Cada día es más frecuente contemplar familias destrozadas, impregnadas de odio por la distribución de las herencias.

En todas las circunstancias anteriores se trata de personas que no han sabido jerarquizar el ser y el tener. Es necesario aceptar que cada uno de nosotros nos hemos fijado determinados objetivos prioritarios. Su importancia los hace ocupar el centro y el primer lugar de nuestro tiempo, afecto, dedicación y responsabilidad. Si lo que debe ser primero lo pasamos a un plano secundario, corre peligro nuestra paz interior, armonía y estabilidad emocional y, por lo tanto, nuestro bienestar integral.

No podemos dedicarle más tiempo al trabajo y al deporte que a la comunicación con los seres queridos. Hay personas que los fines de semana, sábados y domingos, dedican muchas horas a jugar, o bien, a ir a la oficina para sus actividades profesionales, para retornar a sus hogares demasiado tarde, con lo cual limitan el tiempo para convivir con su familia.

Somos conscientes de que uno de los fenómenos generados por la globalización son los viajes cada vez más frecuentes, lo cual provoca la repetitiva ausencia del padre o de la madre del hogar. Cuando se nos indica que debemos tener cuidado de ello, la respuesta es que todo se hace para escalar un mejor peldaño, para ganar un mejor salario, de tal manera que se les pueda ofrecer una mejor vida a los hijos. La voz de la conciencia, sin embargo, nos interpela: ¿Cuándo tendrás tiempo para tus hijos y tus padres? ¿Será cuando ellos están enfermos? ¿Cuando los acompañes al cementerio? De nada sirve decir "si yo hubiera...". No olvidemos que hay un tiempo para trabajar y descansar y un tiempo para los tuyos.

La película *El abogado del diablo* es una gran lección de lo comentado previamente, donde el tener ahogó al ser. La ambición de un brillante joven abogado lo fue envolviendo poco a poco en la obsesión por el poder y el tener, lo cual provocó que nunca tuviera tiempo para su mujer, lo que la llevó al suicidio, pues su marido renunció a la vida sencilla y feliz que ambos vivían anteriormente, embriagado por la ambición de tener más y más. En la escena final de la película se nos da una gran lección: Dios nos ha creado libres, cada quien es libre de decidir qué opción elegir ante las circunstancias que se nos presentan en la vida. Es decir, nos orientamos a acumular más y más o nos orientamos hacia el ser.

RESUMEN

- ☞ No es correcto desear obstinadamente bienes que no poseemos o preocuparnos demasiado por los que tenemos. Esta actitud contamina todo lo bueno que hemos recibido.

- ☞ El dinero y el poder no satisfacen jamás el deseo de ser alguien. Los ricos y poderosos siempre anhelan algo más que nunca encuentran en el tener. Rico es aquel que está contento con lo que tiene.

- ☞ Tenemos que esforzarnos por determinar correctamente en qué vamos a centrar nuestra atención. No podemos permitir que el tener ahogue a nuestro ser.

- ☞ Es un error creer que la felicidad se encuentra en la riqueza y el poder, porque son claves para dominar a los demás.

- ☞ San Agustín afirmó: "Si quieres ser feliz, no te aferres ni a las personas, ni a las cosas."

- ☞ Jamás debemos hacer cosas y actuar en función de lo que digan los demás. Es un error vivir para satisfacer el qué dirán. Este comportamiento enajena y destruye a las personas.

- ☞ No olvidemos que la felicidad es trabajo de cada uno de nosotros, de nadie más. Olvidémonos de buscar culpables de nuestra falta de felicidad.

Capítulo VII

Cómo enfrentar el sufrimiento cuando éste nos visita

No terminamos de asimilar que la vida no es una competencia triunfal, sino una competencia de obstáculos y que, aunque tengamos éxito, los triunfos no se regalan a nadie.

Ni el más poderoso de los seres humanos, ni el más protegido por la Providencia están libres de los obstáculos que a diario se nos presentan. Es utópico pretender borrar de nuestro horizonte estos inseparables compañeros de viaje. No tenemos más remedio que convivir con ellos.[5]

En cierta ocasión, un amigo afirmó que todos los hombres llevamos dos acompañantes que van junto a nosotros, querámoslo o no, a lo largo de toda nuestra vida. Además, como esa compañía es inevitable, conviene llevarse bien con ellos, aceptarlos y verlos como compañeros naturales de nuestra existencia. A uno le llamamos alegrías, y al otro, preocupaciones.

Las contrariedades diarias pueden ser de muy diversa índole y derivarse de causas muy heterogéneas. Unas nacen de nuestra misma limitación: no sabemos todo, no dominamos suficientemente todo aquello en lo que nos vemos involucrados; nos falta paciencia y comprensión; no somos capaces de recordar cuanto sería preciso en un momento dado.

Otras provienen de los demás: las personas que tratamos no siempre están de buen humor; sus puntos de vista no siempre coincidirán con los nuestros y por lo tanto es frecuente que no congeniemos con ellas; además, no siempre tendrán interés en escuchar nuestras peticiones, ni resolverán con equidad y justicia los problemas que les presentemos.[6]

A veces, se exagera tanto la importancia de los pequeños roces y contrariedades que necesariamente se producen en todas las familias, que en lugar de vivir felices y contentos los miembros viven amargados y resentidos. Nos puede pasar a cada uno de nosotros que pequeños problemas y disgustos nos agobien y nos hagan sufrir desmedidamente, aun gozando de muchas cosas buenas que deberíamos disfrutar con alegría, empezando por el don de la vida y el de la salud. Tal parece que preferimos sentirnos víctimas, no disfrutar de la felicidad.

Otras causas son los mil imprevistos de mayor o menor relevancia: el taxi que no llega, la comida que se quema, la visita inoportuna, el vecino con horarios distintos que altera nuestro descanso, el aparato electrodoméstico que se rompe el fin de semana y nos deja sin un servicio necesario durante dos o tres días. Además, todo esto sin salir de lo ordinario. En la actualidad no es excepcional tener que incluir otros imponderables más serios: robos, intimidaciones, accidentes de tráfico, chantajes, fraudes, pérdidas de trabajo, serios disgustos familiares, reveces de fortuna, además de enfermedades, los achaques propios de la edad, el cansancio, la incomprensión, los malos modales.[7]

La madurez humana tiene mucho que ver con la actitud que el hombre toma ante las contrariedades de la vida y, sobre todo, ante el sufrimiento físico o moral. Jamás será sano negar el sufrimiento, lo importante es superarlo: hay que asumirlo, no luchar contra él.

La misma condición humana limitada y precaria es causa de sufrimientos. Cuando un joven se mata por conducir a exceso de velocidad o por haber tomado bebidas embriagantes, es frecuente escuchar frases como ésta: "Si Dios es tan bueno, ¿cómo permitió que muriera un joven que estaba empezando a vivir?" También es frecuente escuchar la misma frase cuando mueren las personas o contraen enfermedades graves por irresponsabilidad de alguna empresa que arroja materiales tóxicos en zonas urbanizadas. No olvidemos que estamos sujetos a experimentar el sufrimiento, porque nosotros lo propiciamos al no hacer uso correcto de nuestra libertad.

En la etapa de nuestras vidas en que nuestras fuerzas físicas empiezan a fallar y nos sentimos menos útiles, experimentamos lo que podemos llamar la herida del tiempo que nos hace depender de los demás cada vez en mayor medida. Este proceso de la vida es doloroso, pero jamás debe ser triste.

Comenzamos a envejecer desde que nacemos o, al menos, apenas cruzamos la raya de la madurez. Un día descubrimos que al encontrarnos con nuestros amigos comenzamos, instintivamente, a hablar de la salud, un tema que jamás nos preocupaba de jóvenes. Otro día descubrimos que los jóvenes, como si se hubieran puesto de acuerdo, empiezan a tratarnos de usted. Vemos que las críticas que en la juventud nos hacían sonreír y que en la madurez nos irritaban, ahora nos angustian. Nos damos cuenta de que pensamos en la muerte más que antes, que recordamos la infancia y la juventud casi obsesivamente. Repasamos la lista de nuestros antiguos compañeros y percibimos que en ella han comenzado a multiplicarse los huecos.[8]

Tenemos la sensación de alguien que sube a una montaña. A medida que trepa por la ladera, el paisaje comienza a ampliarse y el escalador a encontrarse cada vez más solo. Sabe que la cumbre que le espera es magnífica y que la vista desde arriba es arrebatadora. Pero también sabe que arriba ya no hay más camino. Más allá sólo está el cielo. Y en esta ascensión no hay posibilidad de volver a bajar a la llanura, ni tampoco cabe la posibilidad de vivir largamente en la cumbre. Porque no se vive en las cumbres.

El tiempo pasa. Poco a poco vamos experimentando la muerte de nuestros seres queridos y empezamos a sentir que la nuestra también está próxima. No debemos ignorar esta realidad ya que, como dijo Jacques Leclerq: *"Un hombre no es verdaderamente adulto sino hasta que ha mirado la muerte cara a cara."* La muerte en nuestras vidas es un hito demasiado importante como para no pensar en ella. Ante esta vivencia inevitable tenemos que aprender a enfrentarla con valentía.

Por eso, ante sufrimientos muy grandes y ante cambios radicales en la vida, la respuesta está en la actitud que se tome.

Se puede afirmar que el sufrimiento nos proporciona una gran oportunidad para trascender porque nos invita y hasta nos exige superarnos si queremos sobrevivir como seres humanos.

Viktor E. Frankl, de quien ya hemos hecho referencia, nos comenta que su experiencia ante el sufrimiento que vivió y vio en los campos de concentración lo llevó a concluir que *"no es la carga la que nos vence, sino el modo como la llevamos"*. De ahí la importancia de tener siempre "un porqué" que nos permita aceptar con serenidad el sufrimiento.

Debemos aceptar que será imposible evitar el sufrimiento o el dolor, pero que podemos cambiar nuestra actitud en relación con la manera de enfrentarlos. Por ejemplo, ante el nacimiento de un hijo con una enfermedad congénita, nuestro reto es convencernos de que podemos cambiar nuestra actitud ante lo que nos molesta o nos hace sufrir, de tal manera que podamos sobrellevar esta situación con menor sufrimiento y mayor alegría. Es necesario buscar la manera de asumir una actitud positiva ante el sufrimiento.

Lo que nunca debemos perder es el sentido que tiene el sufrimiento, porque lo que más nos acaba y destroza no es el dolor físico o moral en sí mismos, sino perder la esperanza de que todavía hay oportunidades de hacer algo, de seguir luchando en la vida.

Otra manera de entender el sentido del sufrimiento es comprender y valorar el que experimentan los demás: no tenemos que esperar a vivir una pena para poder entender el dolor. Aceptar lo verdaderamente valioso de la vida nos puede ayudar a entender el sufrimiento. Esta simple reflexión sobre qué es valioso y qué no lo es, nos permite crecer.

El dolor y el sufrimiento han purificado a muchos seres humanos ayudándolos a salir de su egoísmo y les ha despertado un gran amor hacia los demás. ¡Cuántas asociaciones civiles fueron fundadas por alguien que experimentó el dolor! De sus vivencias surgió un nuevo proyecto para ayudar a muchos otros seres humanos que sufren.

También debemos aprender que sólo cuando se está dispuesto a sufrir por alguien y en realidad se sufre, se le ama. Por ello, nunca debemos renunciar a las oportunidades de sufrir por alguien, especialmente por aquellos a quienes amamos.

Cuando tengamos situaciones muy difíciles, como la muerte de un hijo, la pérdida del trabajo, un quebranto económico fuerte, debemos asumir una actitud valiente para enfrentarlas, de tal manera que siempre conservemos la esperanza de que vamos a salir adelante. El sufrimiento siempre será un gran acicate para el hombre que quiere superarse.

La manera en que los hombres aceptemos nuestro destino y el sufrimiento que nos acompaña, y la forma en que sobrellevemos las contrariedades son una excelente oportunidad para dar a nuestras vidas un sentido más profundo. En nosotros está aprovechar estas ocasiones para crecer.

Tenemos que aceptar que el sufrimiento es parte de la vida humana con todo su dolor y angustia. La diferencia estriba en la manera en que lo vivamos y en la actitud que asumimos frente a él. Hay quienes pueden salir purificados y fortalecidos de la experiencia del sufrimiento. Pero hay muchos otros que se derrumban fatalmente y sin esperanzas. Así como no podemos concebir una vida sin amor, tampoco se puede entender una vida sin sufrimiento. Éste se hace presente para unos quizá desde el mismo momento de nacer, mientras que para otros será posterior el momento en que se presente el sufrimiento. Sin embargo, no podemos evitar vivir experiencias de esta naturaleza.

Cuando las personas no tenemos una fe madura, es frecuente que ante sufrimientos como la muerte de un ser querido, caigamos en la depresión, que perdamos las ganas de vivir, pues nuestra vida pierde su razón de ser, y que veamos este acontecimiento de una manera fatal y derrotista. En cambio, si contamos con una fe profunda, aunque aparezca la depresión, podremos pasar a la etapa de aceptación, la cual nos permite recobrar el ánimo, reencontrar la razón de vivir y, sobre todo, capitalizar el sufrimiento para crecer e inclusive para entender la muerte como un proceso normal y el inicio de una vida plena.

La madre de un amigo mío lleva cinco años postrada en la cama debido a un tumor cerebral. No habla, pero está consciente y jamás ha dejado de sonreír para agradecer cuando se le da su medicina o alimentos. Éste es un excelente ejemplo de alguien que ha optado por enfrentar positivamente el sufrimiento.

No podemos vencer el dolor huyendo de él, porque antes o después nos lo encontraremos inevitablemente. Pero podemos vencerlo aceptándolo, más aún, queriéndolo, no por sí mismo, lo cual sería masoquismo, sino por ser ocasión de lograr un mayor crecimiento personal.

Tenemos que aprender a sufrir, porque el verdadero cariño se forja al compartir alegrías, penas, gozos y dolores. Hay que estar junto al ser querido no sólo en los momentos de felicidad, sino también, y principalmente, en las etapas difíciles de la vida. El beso de mi madre que más disfruté fue cuando ella pasaba sus últimos días en el hospital. Uno de esos días a las tres de la mañana, en medio de su gravedad y sin poder hablar, se quitó la mascarilla de oxígeno y con su mano me pidió que me acercara porque quería darme un beso como señal de gratitud por estar a su lado. Ese beso, el mejor que he recibido en

toda mi vida, jamás lo olvidaré. Después ella se que-
dó dormida, mientras yo lloraba con sentimientos
encontrados de tristeza y alegría.

No estamos preparados para sufrir, pues estamos
acostumbrados a que todo nos salga como nosotros
deseamos. Por ello, los padres de familia deben in-
culcar en sus hijos la cultura del esfuerzo y prepararlos para que aprendan a enfrentar el sufrimiento. Si
no lo hacen, traicionan a sus hijos. Por eso, nos encontramos cada vez con mayor frecuencia con jóvenes que no quieren esforzarse ni luchar, de tal manera
que el día en que el sufrimiento los visita, lejos de
aprovechar la experiencia en forma positiva, tratan
de resolver el dolor a través de un camino equivoca-
do: depresión, drogas, alcohol.

Es correcto que a través de la razón analicemos a
fondo el hecho, las causas y los efectos del sufrimiento. Sin embargo, con la pura luz de la razón jamás
lograremos entender del todo su misterio.

Debido a que la pura razón nunca podrá explicar
suficientemente la razón del sufrimiento, se hace indispensable cultivar la fe. Ante el sufrimiento una fe
sólida es vital para aprovechar la experiencia y crecer.

Michael Dertouzos, director del Centro de Compu-
tación del Instituto Tecnológico de Massachusetts,
quien ha investigado acerca del efecto de la Internet
en nuestro comportamiento, en su libro *What Will be*
nos platica una anécdota muy interesante al respecto.

Eran las tres de la mañana y sonó el teléfono de mi casa. Uno de mis dedicados colegas jóvenes entró en pánico. Él y un puñado de estudiantes y miembros del staff de investigación habían descubierto un virus que amenazaba las computadoras del laboratorio. Corrí hacia el lugar imaginándome lo peor. Cuando llegué, ellos tenían todo bajo control: la amenaza resultó ser menos seria de lo que todos esperaban, y todos nos sentimos aliviados de que nuestros preciosos archivos de laboratorio estuvieran intactos. Por supuesto, a esa hora, y con anticipación a una jornada de toda la noche, se habían ordenado algunas pizzas. Tal vez era lo entrado de la noche o la invasión del exterior lo que los había apurado, pero independientemente de la causa, comenzaron acaloradamente a debatir las preguntas eternas:

"Yo creo en algo poderoso, pero no necesariamente en un hombre con barba."

"La religión es el opio de la gente."

"Soy agnóstico."

"Yo creo en Dios pero no en sus sacerdotes, quienes son, aparte, muy malos vendedores."

"Yo soy ateo y no me avergüenza admitirlo."

"Si Dios es justo, ¿cómo es que hay tanto sufrimiento en el mundo?"

"Tal vez Dios es una computadora."

"No, Dios es un comité."

"¿Milagros? ¡Por favor!"

Y así siguieron.

Yo estaba a punto de irme cuando uno de ellos dijo: "Preguntémosle a Michael en qué cree él." Un silencio poco confortable descendió sobre el grupo mientras yo decía alguna excusa para evitar el tema. Pero no había ninguna salida fácil, y aparte yo no conozco a algún profesor que pueda resistirse a una conferencia... o a un tópico. Así que lo dejé salir.

"Ustedes debaten el conflicto clásico entre la fe y la razón. Muchas de las mejores mentes del mundo e incontables personas han pasado sus vidas tratando de probar o refutar la existencia de Dios. En otras palabras, han tratado de usar la razón como una fuerza superior para justificar la fe. Del mismo modo, muchos teólogos e incluso científicos han tratado de usar la religión para explicar la naturaleza, la ciencia y por qué estamos aquí. Eso es tratar de usar la fuerza de la fe como una fuerza superior para justificar la razón. **Para mí, ni la fe ni la razón pueden subordinarse la una a la otra. Son como el motor y las ruedas de un coche. Lo mejor es tener ambas cosas si quieres llegar a alguna parte.**"

"Cuestionar nuestra fe con argumentos razonables es tan natural como definir la lógica con fe ciega. Pero si abrazamos tanto la fe como la razón y dejamos que trabajen juntas, explotando sus fuerzas y evitando sus debilidades, entonces tendremos algo que es más poderoso que cualquiera de ellas."

Ellos prestaron atención.

"Veo su incredulidad. Realmente piensan que la razón es suprema. Confían en ella. La usan. Están orgullosos de ella. Realmente espero que ninguno de ustedes tenga que *enfrentar cara a cara ningún infortunio, como una enfermedad terminal o la muerte de alguien cercano. Cuando las personas tiene tales tragedias, obtienen poco consuelo de la razón. Necesitan desesperadamente otra fuerza que los sostenga y que les dé fortaleza. Esa fuerza es la fe."*

"La lección aquí es que deberíamos no separar nuestra fe o nuestra razón como superiores. En cambio, aceptemos que necesitamos de ambas y que estamos mejor si aprendemos a usarlas correctamente, y por ende, a fortalecernos con su poder combinado."

*"Ello es un camino enredado para contestar tu pregunta: Sí, creo en Dios. Y considero una pérdida de tiempo usar la razón para cuestionar la existencia de Dios. En su lugar, yo trato **de usar tanto la fe como la razón para enfrentar lo bueno y lo malo de mi vida**, alguna vez con éxito, algunas otras fracasando, como cualquier ser humano."*

Admití que eran demasiado brillantes para mí. Les agradecí por proteger el imperio del malvado virus y les deseé buenas noches.

La fe en relación con el sufrimiento es la capacidad que Dios nos concede para sublimar y entender el sufrimiento como un proceso de purificación y de acercamiento a Él, de tal manera que aceptemos el dolor y la angustia por amor, tal como el mismo Dios se sometió al dolor por amor.

En muchas ocasiones el sufrimiento nos conduce a interpelar al Ser Supremo, sobre todo en lo que respecta a su atributo de bondad. Sin embargo, debemos entender que Dios permite el sufrimiento no como castigo, sino como una forma de acercarnos a Él. Recordemos la manera como sufrió Job, pero jamás renegó ni maldijo a Dios, antes bien aceptó el sufrimiento como un designio para entender su posición en la tierra. "Cuando nací no traje nada y cuando me muera nada me llevaré." Este pensamiento le permitió ser consciente de su nada, pero a la vez de la necesidad de estar profundamente unido a Dios. Job perdió esposa, hijos, todos sus bienes y lo aceptó diciendo: "Dios me los dio, Él me los quitó; alabado sea su nombre."

Tenemos que valorar el conjunto de dones y bendiciones que Dios nos ha regalado durante nuestra existencia. Si comparamos estos dones con respecto al sufrimiento que nos pide en algunas ocasiones, este último es una pequeñez.

RESUMEN

☞ Nuestra vida no es una carrera triunfal, sino más bien es una competencia de obstáculos. Aunque triunfemos, los triunfos no se regalan a nadie. Es utópico querer borrar de nuestro horizonte la alegría y el sufrimiento, especialmente el sufrimiento que en ocasiones proviene de nuestras propias limitaciones y en otras se deriva de la actitud y comportamiento de los demás.

☞ Es triste contemplar hogares donde todo marcha bien, pero se exagera tanto la importancia de los pequeños roces y contrariedades que necesariamente se producen en todas las familias, que en lugar de vivir felices y contentos viven amargados y resentidos.

☞ Jamás será sano negar el sufrimiento, lo importante es superarlo: hay que asumirlo, no luchar contra él. Tenemos que aprender a enfrentarlo con valentía y coraje.

☞ Ante sufrimientos muy grandes y cambios radicales en nuestras vidas, debemos preguntarnos: ¿Anochece o alborea? La respuesta no está en la desgracia que nos ha acontecido, sino en la actitud que tomemos ante ella.

☞ Victor Frankl, después de sufrir demasiado, concluyó que no es la carga la que nos vence, sino el modo en que la llevamos: "Debemos aceptar que nos será imposible evitar el sufrimiento o el dolor, pero sí nos es posible cambiar nuestra actitud en relación con la manera como lo enfrentamos. Lo que más nos acaba y nos destroza no es el dolor físico o moral en sí mismo, sino perder la esperanza de que habrá un mejor mañana que nos permita recobrar el ánimo y volver a encontrar la razón para vivir."

☙ No estamos preparados para sufrir, pues estamos acostumbrados a que todo nos salga como nosotros deseamos. Es importante que los padres de familia inculquemos en nuestros hijos, desde pequeños, la cultura del esfuerzo: debemos prepararlos para enfrentar el sufrimiento. Los padres que no lanzan a sus hijos al sufrimiento, los traicionan.

☙ La pura razón nunca podrá explicar suficientemente la razón del sufrimiento, por lo cual es indispensable cultivar la fe. Una fe sólida es vital para aprovechar la experiencia de este acontecimiento y crecer.

☙ La fe en relación con el sufrimiento es la capacidad que Dios nos concede para sublimar el sufrimiento y entenderlo como un proceso de purificación y de acercamiento a Él. Aceptemos el dolor y la angustia por amor, como Él mismo se sometió al dolor por amor.

☙ No olvidemos que el mal no puede triunfar sobre el bien, esté será quien al final triunfará.

Capítulo VIII

*Del egocentrismo
a la solidaridad, ruta
segura para entender
la razón de vivir*

uestra peregrinación por esta vida tiene trazado un camino muy claro y firme. Es el camino que va del egoísmo a la solidaridad.

Desgraciadamente esta cultura de solidaridad escasea demasiado, como afirma Jacques Madaule.

Según este autor, en las novelas de Graham Greene hay tres tipos de personajes, ya que para el novelista inglés sólo existen tres posturas ante este mundo visible, donde priva mucho egoísmo. Porque se acepta el mundo, renunciando a sí mismo y a su propio mundo (con lo cual se tienen garantías de hacer una carrera bastante "honorable"), se niega el mundo y se actúa como si no existiera (y entonces se fabrica un mundo imaginario al que se llega a considerar real), o se lucha abiertamente contra él (y hay que aceptar la solución fatal de este combate).[9]

La división de posturas es tal vez demasiado tajante y pesimista, pero creemos que es sustancialmente verdadera. Esos tres tipos de seres no sólo habitan en las novelas de Greene, sino también en nuestra vida cotidiana. La inmensa mayoría de los seres humanos pertenecemos a las dos primeras categorías. Ello nos refleja que la mayoría de las personas se muestran apáticas ante el sufrimiento y el dolor de los más necesitados.

Nuestra naturaleza, tanto biológica como psicológica y espiritual, nos demuestra que tenemos necesidad de vivir en comunión con los demás seres humanos. Más aún, las realidades que vive nuestro mundo son un llamado vehemente en busca de un ambiente más fraterno y solidario. Nos pide solidaridad el mundo pobre, los ambientes de violencia y discriminación, las diferentes zonas de muerte generados por los vicios y la corrupción.

¿Cómo debemos vivir de modo que nuestro paso por este mundo sea algo más que un breve relámpago de existencia biológica que habrá de desaparecer para siempre?

¿Nuestro único objetivo es tener hijos para perpetuar la raza humana? Y luego de haberlo hecho, ¿es nuestro destino desaparecer y hacer lugar a la nueva generación? ¿O es que nuestra vida tiene otro designio aparte de la simple existencia?

Somos felices cuando llevamos una vida plena de sentido. Las personas más felices no son necesariamente las más ricas y famosas, ni las que más se empeñan en ser felices leyendo artículos sobre el tema o viviendo siempre de acuerdo con el último grito de la moda. Por el contrario, las personas más dichosas son las que procuran ser siempre amables, serviciales y confiables; mientras están ocupadas en todas esas cosas, la felicidad llega a sus corazones.

Con razón, Emmerson afirmaba: *"Cuando ayudas a otros, te ayudas a ti mismo"*, pues con esta forma de vivir para servir, dar y amar, mejoramos y nos enriquecemos. Es un error vivir de acuerdo con el credo narcisista: "Yo no tengo por qué ocuparme de tus necesidades ni espero que tú te ocupes de las mías. Cada uno se entiende con lo suyo."

Nuestras vidas son únicas e irrepetibles; por ello, debemos hacer de ellas un acto constante de amor. Nuestro fin principal no puede ser acrecentar riquezas, ni siquiera conservar la salud a cualquier precio. Nuestra existencia cobra su sentido más profundo en la entrega generosa y desinteresada a los demás. El amor remueve obstáculos y fronteras. *El amor*, como dice San Pablo, *"todo lo cree, todo lo espera, no tiene límites, todo lo perdona"*. En síntesis, el amor es una actitud que no juzga y que acepta todo de la vida.

Si nos alejamos del egocentrismo y vamos en búsqueda de la solidaridad, no nos preocuparemos mayormente por encontrar responsables de nuestras contrariedades; más bien, buscaremos la manera de colaborar en la solución de los problemas de los demás y eliminaremos todas las barreras que nos hemos ido formando en nuestras vidas y que nos impiden lograr la felicidad.

Nos queremos tanto a nosotros mismos que, difícilmente, nos ponemos en el lugar de los demás. No hay algo que nos interese tanto como nuestra propia persona. Pero se trata de un interés egoísta, no de autoestima ni de amor propio adecuado; somos egoístas con nuestro tiempo, con nuestros sentimientos e ilusiones; siempre procuramos que todo esté al servicio de nuestros propios intereses. Este comportamiento nos priva de la alegría que da entregarse a los demás, vivir pensando en los demás, esforzarse para que otros crezcan. No nos permite experimentar que se es más feliz dando que recibiendo.

Tenemos a nuestro alrededor una infinidad de oportunidades de expresar nuestro amor y solidaridad. Por ejemplo, sonriendo a los demás; dedicando tiempo a quien nos lo pida, especialmente cuando se sufre; aprendiendo a escuchar y aceptando que uno no posee la verdad absoluta; disculpando, no guardando rencor aunque hubiere motivos para ello; pensando en las necesidades y gustos del propio cónyuge, de los amigos; evitando querer ser objeto de atenciones y sirviendo para que los demás gocen.

Recuerdo a un gran hombre que, cuando llegaban de visita sus hijos e hijas políticos, se desvivía por atenderlos para que estuvieran contentos; no comía hasta que todos tuvieran lo necesario; no podía escuchar una necesidad de su familia o de alguien, especialmente si era persona humilde, sin que estuviera siempre presto para servirles. Cuando se le preguntaba por qué no tenía horario para servir, respondía que disfrutaba mucho de la vida sintiéndose útil.

Hoy en día hablamos de globalización, de un progreso extraordinario sobre todo en los países desarrollados, donde se vive pensando qué productos fabricar o qué servicios ofrecer, para darles a las personas más comodidades y satisfacciones materiales. Mas, al mismo tiempo, somos testigos de que en la mayoría de los países se ha polarizado la distribución de la riqueza. Una de las estrategias más relevantes para eliminar esa mala distribución es estimular el surgimiento de muchos pequeños empresarios ya que ello permitirá mejorar el nivel de vida de mucha gente.

En concreto, en nuestro país y en cualquier ciudad encontramos grandes mansiones y no lejos de ellas innumerables chozas que no cuentan con lo indispensable para tener una vida digna. Ante este escenario lleno de contrastes surge una sensación de impotencia pues este panorama parece inevitable. Se cree que no se puede hacer nada por disminuir las brechas entre las diferentes clases sociales. Sin embargo, debemos tomar conciencia de la forma en que despilfarramos el dinero en viajes, ropa, diversiones y nos creamos necesidades muchas veces superfluas. Podemos escoger una gran variedad de platillos a nuestro gusto, mientras millones de seres humanos se quedan sin probar nada. Nosotros contamos con lo mejor en hospitales y medicinas, mientras que otros se mueren por una enfermedad curable, por falta de medicinas. Tuvimos la fortuna de recibir una excelente educación, mientras que otros muchos son analfabetas funcionales.

El reto de ejercer la solidaridad ante la miseria y el dolor moral o físico trae a la memoria la frase que Su Santidad Juan Pablo II pronunció en la Ciudad de Oaxaca, en su primer viaje a México en 1979. En esa ocasión, al ver la pobreza, se dirigió así a los mexicanos que hemos sido bendecidos con más dones que otros: *"Sobre toda propiedad privada grava una hipoteca social."*

Cuando Juan Pablo II habla de propiedad privada no se refiere sólo a lo material, sino también y principalmente a los talentos que hemos recibido gratuitamente de Dios, como es la inteligencia, la creatividad, nuestra propia vida. No es correcto usar esos carismas sólo para usufructo personal, sino que debemos ponerlos al servicio de los demás, especialmente de aquellos que carecen de los bienes indispensables para llevar una vida digna y de aquellos que sufren física o moralmente.

No es válido que, ante las situaciones de miseria en nuestras propias comunidades, tomemos una actitud cómoda e irresponsable, descargando toda responsabilidad en el gobierno o en alguien más. Todos tenemos que poner nuestros conocimientos y cualidades al servicio de la comunidad para resolver esas situaciones que claman venganza al cielo. Tenemos que pensar en promover un auténtico desarrollo y no preocuparnos tanto por nosotros mismos. No en vano se dice que desarrollo es sinónimo de paz. Es difícil evitar la guerrilla, la violencia y la inseguridad cuando se viven diferencias abismales entre la población y se adopta una actitud apática ante el llamado de la solidaridad.

La estrategia que da mejores resultados para apoyar algún proyecto en zonas humildes consiste en llevar a las personas a que cónozcan la comunidad a la que se va a apoyar. Después de ello, quienes visitan dichas zonas afirman que nunca habían imaginado que hubiese tanta miseria y desintegración familiar. Qué diferente actitud si se la compara con la de aquellos que al pasar presurosos por dichas comunidades evitan que su conciencia se sensibilice demasiado con esas imágenes.

En nuestras manos está vivir en forma austera y ser generosos con nuestro dinero dando donativos para estos fines. Podemos también ayudar a crear fondos de becas destinadas a la formación de jóvenes de escasos recursos y dedicar parte de nuestro tiempo a capacitar a las personas, a ayudarles a resolver los problemas de vivienda, salud e higiene de sus colonias.

Si tenemos capacidad de decisión sobre fondos públicos destinados a desarrollo social, podemos contribuir a que los mismos se empleen adecuadamente e incluso aumenten. Si somos empresarios, podemos estudiar la forma de facilitar el desarrollo económico y técnico en las áreas de extrema pobreza y de formar a otras personas que puedan ser después promotoras del bienestar social en sus lugares de origen.

Jamás será justificable dejarse llevar por el consumismo cuando existen tantas personas, lejos y cerca de nosotros, que carecen de lo más elemental. Esta situación no es justa y, por lo tanto, tampoco es moral.

Los problemas socioeconómicos sólo pueden ser resueltos si actuamos con base en la solidaridad: solidaridad de los pobres entre sí, de los ricos para con los pobres, de los trabajadores entre sí, de los empresarios y los empleados, solidaridad entre las naciones y entre los pueblos. La solidaridad internacional es una exigencia de orden moral. En buena medida la paz del mundo depende de ella.

RESUMEN

☞ Nuestra peregrinación por esta vida tiene trazado un camino muy claro y firme. Es el camino que va del egocentrismo a la solidaridad.

☞ Las realidades que vive nuestro mundo son un llamado vehemente en busca de un ambiente más fraterno y solidario.

☞ Las personas más dichosas son las que procuran ser siempre amables y serviciales. Mientras ellas están ocupadas haciendo el bien, la felicidad llega a sus corazones.

☞ Emerson afirmaba: "Cuando ayudas a otros, te ayudas a ti mismo." Es un error vivir de acuerdo con el credo narcisista que sostiene que: "Yo no tengo por qué ocuparme de tus necesidades ni espero que tú te ocupes de las mías."

☞ No nos olvidemos del llamado que Juan Pablo II, al ver la pobreza en nuestro país, nos hizo: "Sobre toda propiedad privada grava una hipoteca social." Debemos utilizar nuestros dones no sólo para usufructo personal sino también, y principalmente, para ayudar a los demás, en especial a los más desprotegidos.

☞ Los problemas socioeconómicos sólo pueden ser resueltos con una actitud solidaria: solidaridad de los pobres entre sí, de los ricos para con los pobres, de los trabajadores entre sí, de los empresarios con los empleados, solidaridad entre las naciones y entre los pueblos. La solidaridad internacional es una exigencia de orden moral. En buena medida la paz del mundo depende de ella.

☞ Muchos de nosotros queremos ser siempre el centro de todo: de nuestra familia, de nuestros compañeros de trabajo y de cualquier grupo al que pertenecemos, comportamiento que nos priva de la alegría que se logra al entregarse a los demás, al vivir pensando en los demás, al esforzarse para que otros crezcan. No nos permite experimentar que se es más feliz dando que recibiendo.

Capítulo IX

Debemos conocernos, aceptarnos y amarnos

uchos de nosotros vamos por la vida desperdiciando nuestras energías y posibilidades y llenos de frustración debido a que no nos conocemos, no nos aceptamos como somos, ni nos amamos.

Son muchas las personas que no están contentas de ser quienes son, de haber nacido donde nacieron, de pertenecer al grupo social en el que se encuentra su familia. Si hacemos una encuesta entre adolescentes y les preguntamos quién les gustaría ser, un gran porcentaje de ellos respondería que les gustaría ser alguno de los ídolos del momento: Luis Miguel o Ricky Martin.

Nuestra felicidad se basa en aceptarnos plenamente, con valentía y serenidad; en reconciliarnos con nosotros mismos, con la vida, con las propias limitaciones, con los demás y con Dios. Esta aceptación es un acto de auténtico amor que da mucha paz y armonía.

Debemos darnos cuenta de que somos personas en proceso que estamos siempre aprendiendo, cambiando y creciendo. Ya no somos quienes solíamos ser. La única realidad importante somos nosotros tal como somos en este momento y debemos ser conscientes de que estamos dotados de libertad para hacer cualquier cosa respecto a nuestras vidas y de ser lo que nosotros querramos.

La aceptación de uno mismo significa una satisfacción gozosa de lo que somos. Pero no es fácil enfrentarnos a preguntas como éstas: "¿Realmente me acepto a mí mismo?, ¿disfruto de ser quien soy?, ¿me satisface y le hallo sentido a lo que soy?" No es tarea fácil responder a estas interrogantes pero es necesario hacerlo, porque de no contestarlas, corremos el riesgo de vivir mediocremente.

Aceptarnos tal cual somos nos permite disfrutar de nuestra existencia y nos evita experimentar lo que muchos seres humanos han vivido cuando atraviesan por una enfermedad seria, por no haberse aceptado como son. Recién en ese momento valoran y aprecian lo que es tener salud, lo que es disfrutar y gozar comer, caminar, darle importancia a las cosas pequeñas, como por ejemplo una palabra de aliento, una sonrisa; sentir la necesidad de los demás; valorar cuánto vale una persona a tu lado en los momentos difíciles; tener una persona que te escuche, que te diga unas palabras; sentir que una persona se te acerque, te quiera, te respete y no te deje solo; entender que todo en la vida es muy relativo: el placer, el dinero; en fin, saber aquilatar que para ser feliz no se necesita lo material, mucho menos estar frustrado por no ser lo que nos hubiese gustado ser, sino lo que realmente vale la pena es lo que proviene del corazón.

➢ Las personas que se aceptan a sí mismas son personas felices. La primera característica de la autoaceptación es la felicidad misma. Las personas que sinceramente disfrutan lo que son siempre tienen alguien a su lado. En las buenas y en las malas esa persona agradable siempre está allí. Si los demás las critican o no las quieren, piensan que se trata de un problema de comunicación.[10]

☙ Las personas que se aceptan a sí mismas se relacionan con los demás con mayor facilidad. Mientras más nos aceptemos como somos, más confianza tendremos de que también somos del agrado de los demás. Muchos sufren pensando si son aceptados o no. Debemos tener confianza en nosotros mismos y lanzarnos en búsqueda de los demás.

☙ Las personas que se aceptan siempre están dispuestas a dejarse amar. Si en verdad me acepto, entenderé que otros también me quieren y podré aceptar amor de los demás con apertura y agradecimiento. Seremos capaces de aceptar e interiorizar comentarios favorables.

☙ Las personas que se aceptan tienen la capacidad de ser auténticamente ellas mismas. En la medida en que me acepto honesta y alegremente como soy, lograré la autenticidad que sólo puede provenir de la profunda aceptación de mí mismo. Si alguien hiere mis sentimientos, podré dialogar con él para inquirir la razón de lo que me dice o hace. No me lastimará la posibilidad de ser malentendido o malinterpretado. No me preocupará si mis sentimientos son correspondidos o no. En una palabra, seré libre de ser yo y no viviré sujeto al vaivén de lo que los demás piensen o hablen de mí. Es triste contemplar cómo, equivocadamente, miles de seres humanos viven y actúan para los demás.

☞ Las personas que se aceptan lo hacen tal como son en este momento, en el presente. Lo que fueron ayer, es historia. Lo que será mañana, es una incógnita. Desprenderme del pasado y no vivir con anticipación el futuro no es nada fácil o sencillo, pero lo que verdaderamente nos podrá ayudar a ser felices es la aceptación de lo que somos en este momento.

☞ Las personas que se aceptan reconocen sus propias necesidades físicas, emocionales, intelectuales y espirituales, y las satisfacen de manera equilibrada. Descansan, se relajan, hacen ejercicio y se alimentan adecuadamente. Se alejan de todos los excesos y hábitos destructivos como son comer en exceso, fumar, emborracharse y consumir drogas.[11]

☞ Las personas que se aceptan son capaces de fijar el rumbo de sus vidas. Obtienen sus directrices de su propio interior, no de los demás. Hacen lo que piensan que está de acuerdo con la verdad, no con lo que los demás crean que es correcto. Por ello, San Agustín de Hipona afirmaba: *"Si quieres ser feliz, no te aferres ni a las personas, ni a las cosas."*

Es decir, sé tú, libérate de lo que los demás crean o piensen de ti, siempre y cuando tus principios estén basados en la verdad.

Las causas y razones más frecuentes por las que muchos de nosotros nunca nos aceptamos, son principalmente cuatro:

☞ Primera (referentes al aspecto físico): Muchos psicólogos clínicos piensan que el aspecto físico es el factor más importante en la autoestima de la mayor parte de las personas. La mayoría de nosotros quisiéramos cambiar por lo menos una dimensión física: la estatura, la forma de nuestro rostro, nuestra complexión corporal. La mayoría no estamos conformes con nuestro aspecto físico.

Cuando se corrige una anormalidad física, casi de inmediato se produce un cambio psicológico. La persona físicamente hermosa es más sociable, más agradable y más segura.[12]

☞ Segunda (referentes a la capacidad intelectual): En casi todas las situaciones escolares o laborales se hace hincapié en la inteligencia. En nuestras relaciones personales, a menudo se establece una competencia intelectual entre compañeros. Muchos recordamos momentos bochornosos en los que alguien se rió de nosotros en el salón de clase o en una reunión social.[13]

Por lo tanto, es natural que nos preguntemos si nos sentimos cómodos con el tipo de inteligencia con la que se nos ha dotado. ¿Siento la tentación de compararme con los demás? ¿Me intimidan quienes parecen mentalmente más ágiles o más informados que yo? Mi nivel de autoestima y, por ende, mi felicidad pueden estar seriamente relacionadas con mis respuestas a estas preguntas.

Hoy se habla de tres tipos de inteligencia: la abstracta, la emocional y la moral. La primera de ellas se relaciona con la agilidad mental para resolver problemas; la segunda se refiere a la capacidad de los seres humanos para tener el arrojo y la motivación para lograr metas en la vida, aunada al carisma para interactuar con los demás; por su parte, la tercera se refiere a la capacidad de los seres humanos para actuar de acuerdo con la verdad y la justicia ante las diferentes decisiones que habremos de enfrentarnos en la vida. No debemos preocuparnos tanto por la inteligencia abstracta, porque al fin y al cabo nada podemos hacer para modificarla; en cambio, las dos últimas son susceptibles de ser modificadas y son ellas las que han ayudado a los grandes líderes que han trascendido. La tercera no es negociable, debemos vivir y actuar de acuerdo con ella.

☞ Tercera (referentes a nuestro comportamiento pasado): Los errores humanos son parte de la condición humana. Por eso, las computadoras tienen el comando Delete. Todos cometemos errores. Los seres humanos tenemos que aprender, casi siempre equivocándonos y corrigiendo.

Muchas veces el error consiste en identificarme con el lado oscuro de mi persona y con los errores de mi pasado. Consiste en valorarme como fui alguna vez.[14]

Este enfoque no es el adecuado para lograr una aceptación plena.

☞ Cuarta (referentes a nuestro perfil de personalidad): Existen diferentes tipos de personalidad. Algunos somos extrovertidos; otros, introvertidos. Algunos nacen líderes, otros son fieles seguidores. Algunos son callados; otros, comunicativos. Algunos son insensibles, otros lo son en grado superlativo. Pero cada uno de nosotros es único, diferente de todos los demás. Nuestros dones nos distinguen. Nuestras limitaciones nos definen.[15] Lo importante en relación con nuestra personalidad es cuestionarnos si estamos contentos de ser quienes somos.

La aceptación dichosa de uno mismo tiene sus raíces más profundas en la infancia y en la niñez.[16] Todo lo que hemos visto, oído o sentido, permanece almacenado por siempre en nuestros cerebros.

Debemos conservar aquellos mensajes que son sanos y alentadores. La mente humana es como un jardín. Si queremos que allí crezcan flores, tiene que ser deshierbado. Cada uno debe iniciar este proceso haciendo una lista de los mensajes que en nuestras vidas hemos grabado. Luego, debemos separarlos en dos categorías: en una, los alentadores y sanos; en otra, los desmoralizadores y los patológicos. También debemos hacer una lista de todos nuestros dones especiales y bendiciones personales. Pronto, entonces, las flores comenzarán a aparecer.[17]

Comenzaremos a ser más conscientes de nuestras dotes y bondades. La belleza reemplazará paulatinamente la fealdad que nos mantenía cautivos.

Sea cual fuere nuestra religión, hay algo ciertamente verdadero: desde toda la eternidad, Dios ha pensado en nosotros y nos ha amado. Él nos ha hecho distintos: por eso somos diferentes. Asimismo, la vida nos ha repartido diversos carismas para que cada uno cumplamos diferentes misiones.

Jamás será correcto compararnos con los demás. Cada uno de nosotros es único e irrepetible. No existen copias fotostáticas de ninguno de nosotros. Si vemos nuestra mano, los dedos no tienen la misma longitud. Si así fuera, no podríamos agarrar eficazmente un palo de golf o escribir. Algunos tenemos talento para tocar algún instrumento, otros para hablar en público. Cada quien está diseñado para realizar su propia misión. Y eso es bueno, muy bueno. Debemos no sólo aceptar sino apreciar y valorar nuestras diferencias. El mundo se nutre con originales y cada uno de nosotros es un original del Ser Supremo.

Somos responsables de nuestros actos, lo que incluye nuestras respuestas emocionales y nuestro comportamiento ante las diversas situaciones de la vida. Sin embargo, la tendencia a culpar a otras personas de nuestras respuestas es tan antigua como la especie humana. Muchos de nosotros crecimos culpando a otros. Defendemos nuestro comportamiento más inadmisible: "Ya te tocaba." "Tú me hiciste lo mismo."

"Sólo te estoy dando una probadita de tu propia medicina." Aprendimos a explicar nuestros fracasos sobre la base de que no contamos con los recursos para actuar debidamente, e incluso alegamos que tenemos mala suerte. Los que culpan a otros no llegan a conocerse nunca a sí mismos. No maduran. No crecen. Es un hecho de la vida: el crecimiento comienza donde la inculpación termina. Lo contrario a la tendencia a culpar es aceptar la responsabilidad total de nuestra vida. Quienes son dueños de sí mismos saben que algo en ellos explica sus respuestas emocionales y su comportamiento. La aceptación de la responsabilidad es una evidencia del paso definitivo hacia la madurez humana y asegura que vamos a crecer.

Cada uno de nosotros debe marchar con valentía a un ritmo personal, ir escalando nuestras montañas personales, luchar por un destino únicamente nuestro. A veces parece más seguro seguir el mismo y gastado camino que la inmensa mayoría de seres humanos ha recorrido. El "camino menos recorrido" siempre es el más riesgoso. Pero todos somos peregrinos, cada uno va caminando hacia un destino personal. No hay "un camino para todos". Cada uno está dotado con un potencial enorme, pero único. Sin embargo, en nuestra cita con el destino debemos atrevernos a correr riesgos, posiblemente a ser rechazados y lastimados, a ser derribados y a levantarnos de nuevo. Debemos aprender a sobrevivir a las derrotas. Porque en ello es donde reside la satisfacción de dejar huella.

Al aceptarnos como somos y capitalizar los dones y carismas de que estamos dotados seremos felices y dejaremos una gran huella, lo cual nos producirá una gran paz interior. En última instancia habremos usado correctamente nuestra libertad y sentiremos la satisfacción de llegar al final del viaje por este mundo con las manos repletas de obras, que tuvieron siempre como común denominador el amor, la entrega, el vivir para los demás.

Debemos aspirar a sacar de nosotros mismos lo mejor que tenemos, pues, nos guste o no, siempre seremos lo que somos.

Es una gran cosa que todos seamos diferentes. ¡Pobre del mundo si un día todos los hombres respondieran a patrones genéricamente establecidos y obligatorios!

RESUMEN

☙ Muchos de nosotros vamos por la vida llenos de frustración debido a que no nos conocemos, ni nos aceptamos como somos; no nos amamos. Debemos aceptarnos con valentía y serenidad.

☙ Debemos darnos cuenta de que somos personas en proceso de desarrollo, que estamos siempre aprendiendo, cambiando y creciendo. Al final, habremos de ser lo que nosotros querramos ser.

☙ Las personas que se aceptan a sí mismas son felices, se relacionan con los demás con facilidad, están dispuestas a dejarse amar, tienen capacidad para ser auténticamente ellas mismas, son capaces de reconocer sus necesidades físicas, emocionales, intelectuales y espirituales y de satisfacerlas de manera equilibrada y obtienen sus directrices de su propio interior.

☙ La vida nos ha otorgado diferentes carismas para que cada uno cumplamos nuestra propia misión. Es inútil y tonto compararnos con los demás. Cada uno de nosotros es único. Cada quien está diseñado para realizar su propio destino. Y eso es bueno, muy bueno. El mundo se nutre con originales y cada uno de nosotros es un original del Ser Supremo.

☙ Cada uno de nosotros debe marchar con valentía y a su propio ritmo; debe ir escalando montañas personales y luchar por un destino únicamente nuestro.

☙ Al aceptarnos como somos y capitalizar los dones y carismas que poseemos, seremos felices y dejaremos una gran huella que reconocerán nuestros hijos.

Capítulo X

Nuestra salud física y emocional es indispensable para vivir plenamente

Los seres humanos debemos cuidar nuestra salud física, emocional y espiritual para lograr una estabilidad que nos permita disfrutar y vivir intensamente nuestras vidas.

Diferentes investigaciones publicadas en libros y revistas y difundidas a través de otros medios de comunicación nos confirman la importancia que tiene la actividad física para la salud y para lograr la estabilidad emocional. Necesitamos hacer ejercicio. No es honesto decir: "No tengo tiempo." "Hace mal tiempo." "Es muy aburrido." "Estoy demasiado cansado." Son excusas sin fundamento sólido.

Son numerosos los beneficios que genera el ejercicio físico: se incrementa nuestro nivel de energía y nuestra capacidad pulmonar, nos liberamos de tensiones, quemamos calorías, perdemos peso, se reducen nuestros malestares físicos, mejora nuestro carácter, nos sentimos y nos vemos más jóvenes; en síntesis, el apoyo que el ejercicio físico brinda a nuestras vidas es invaluable.[18]

Debemos hacer ejercicio físico con frecuencia y de una manera regular, porque los beneficios mencionados no pueden ser almacenados: requerimos generarlos constantemente para gozar de ellos. Por eso se recomienda que, de preferencia, hagamos ejercicio diario, al menos treinta minutos. Quien no invierte este tiempo para lograr una mayor calidad de vida, deja de tomar una decisión atinada. Este reto no es nada fácil, pues implica un cambio de nuestros hábitos, sobre todo, de eliminar la convicción de "así soy yo".

En nuestras vidas, la clave es siempre el cambio de actitud y la valentía para aceptar retos, como lo es hacer ejercicio diariamente, llueva o truene, haga frío o calor.

La respuesta ante este desafío es muy sencilla: "Hay que hacerlo." No nos compliquemos demasiado: empecemos por caminar, trotar, correr y hacer ejercicios de flexibilidad y de fortalecimiento de nuestros músculos. Todo ello es sencillo y nos reporta grandes beneficios. Podemos hacerlo en cualquier parte, a la hora que deseemos y sin necesidad de mayores instalaciones.

Para mucha gente la vida volvió a tener sentido y recobró las ganas de seguir adelante gracias al inicio de ejercicios adecuados. Personas con artritis, a través de ejercicios en agua caliente, pueden caminar como personas normales; otras, que vivían siempre tensionadas, hoy en día viven y trabajan en excelente armonía.

En resumen, el poder del ejercicio físico es sorprendente. *Es difícil comprobar científicamente que el ejercicio físico proporcione más longevidad, pero está comprobado que proporciona una mayor calidad de vida.*

Aunque al principio cuesta mucho esfuerzo ser constante en el ejercicio físico, no debemos dejarlo. Por el contrario, debemos aprender a gozarlo como un placer, como algo que nos motiva y nos induce a hacerlo todos los días. Los costos de no vivir esta cultura son tan altos que no vale la pena incurrir en ellos. Por ello debemos aceptar este reto si en verdad queremos mejorar nuestra calidad de vida.

Además del ejercicio físico, es indispensable proporcionar a nuestro cuerpo una alimentación de calidad. Cuando se habla de este tema, la mayoría afirma que no es nada fácil guardar dietas. Sin embargo, en el fondo, lo que nos falta es fuerza de voluntad. También se comenta que es mejor comer algo sabroso aunque ello perjudique nuestro cuerpo. Debemos eliminar de nuestra mente esta forma de pensar si queremos tener una alimentación de calidad.

Las recomendaciones al respecto son sencillas: debemos comer una amplia variedad de comidas no procesadas, en cantidades moderadas; alimentarnos tres veces al día, tomar abundante agua y un complemento vitamínico de acuerdo con nuestro médico en función de nuestra edad.[19]

Para poder vivir con una alimentación de calidad debemos repensar nuestra forma de alimentación, a fin de cambiar muchos de los hábitos de nuestra vida.

Algunos de los beneficios de una buena nutrición son: más energía y menos fatiga, mejor control del peso, manejo adecuado del colesterol, excelente prevención de muchas enfermedades e inclusive nuestra propia autoestima se incrementa. Todo es trabajo de nosotros mismos, de nadie más.

Algunas de las recomendaciones más comunes para lograr una nutrición con calidad son:

- Comer frutas y vegetales frescos.

- Comer pan y pastas elaborados con granos enteros.

- Procurarnos las proteínas de los granos y las leguminosas, es decir, comer arroz integral y cualquier tipo de leguminosa.

- Limitar el consumo de pollo y pavo. Prácticamente, eliminar las carnes rojas (pues son difíciles de digerir y están asociadas con varias enfermedades).

- Necesitamos consumir proteína animal, para lo cual hay que comer atún y pescado hervido o a la parrilla.

- Utilizar productos lácteos bajos en grasa. Hay quesos y helados que son elaborados con leche baja en grasas.

- Utilizar grasas monosaturadas para cocinar, como canola y aceite de oliva. Si es necesario freír algo, debemos utilizar algún material antiadherente en el utensilio que se emplee para ello.

☞ Utilizar productos con bajos contenidos de grasa y azúcar.

☞ Limitar el consumo de alimentos que contengan grasa y sustitutos del azúcar.

☞ Consumir cantidades moderadas de café y bebidas alcohólicas, así como de alimentos en salmuera o salados.

☞ Beber ocho vasos de agua al día.

☞ Ingerir menos de 2 000 calorías diarias.

☞ Tomar diariamente algún suplemento de vitaminas y minerales.[20]

Adoptar una cultura de alta calidad alimentaria no es un problema de dieta o sacrificio; es una decisión de gran trascendencia para lograr una mejor calidad de vida. Si no aceptamos este reto, los costos serán muy altos y tarde que temprano nos cobrarán la factura, pero quizá sea ya muy tarde y el daño, irreversible.

Para nuestro cuerpo (como para toda organización) es mejor el mantenimiento preventivo que el correctivo o de emergencia. Por ello, es recomendable hacernos revisiones médicas a tiempo, para detectar con oportunidad cualquier problema de salud. Sin embargo, debemos ser más activos y conocer más de lo que los médicos nos revisan o diagnostican; debemos conocer más de nuestro cuerpo y no ser simples y pasivos espectadores. También debemos evitar un exceso de visitas a los médicos, pues tan malo es recibir tratamientos médicos excesivos, como no visitarlos nunca. Debemos convertirnos en mejores y más informados consumidores de servicios médicos para sólo someternos a los tratamientos necesarios y de la más alta calidad.

En relación con nuestra mente, es fundamental aprender a administrar nuestro estrés. Muchos médicos e investigadores coinciden en que el estrés contribuye en gran medida a generar problemas de salud que constantemente nos afectan, tales como la presión alta, los ataques cardiacos, las úlceras, los desórdenes nerviosos, etcétera. Existe un principio básico en relación con la salud: la mayoría de las enfermedades físicas surgen, al menos en parte, debido a una sobrecarga de problemas emocionales y psicológicos.

Lo anterior no quiere decir que el estrés sea en sí malo, debemos aceptarlo como parte de nuestra existencia; lo importante es que debemos aprender a administrarlo, de tal manera que sea manejable y de ninguna manera perjudicial. Debemos prepararnos para aprender a vivir diferentes circunstancias relacionadas con él. El estrés es parte integral de nuestra vida, es un signo de que estamos vivos; gracias a él logramos metas y realizaciones que dan sentido a nuestra existencia. El problema surge cuando el estrés se convierte en un factor constante y enajenante de nuestras vidas, cuando nos genera ansiedad y una sobrecarga emocional que puede tener consecuencias graves; tales como jaquecas constantes, dolores de cuello y espalda, indigestión, cansancio excesivo, zumbidos en los oídos y problemas para dormir.[21]

Entre los signos de comportamiento que reflejan si padecemos una situación de estrés constante y enajenante se encuentran fumar en demasía, tomar alcohol en forma frecuente, comer siempre de prisa, tener mal humor, mostrar irritabilidad y actitudes críticas hacia los demás, irritación frecuente, soledad y una profunda infelicidad.

Con un estrés frecuente perdemos coherencia en nuestra forma de pensar, tenemos dificultad para tomar decisiones, se reduce nuestra creatividad para enfrentar y resolver los problemas, carecemos de sentido del humor y padecemos una constante sensación de estar demasiado abrumados. Si los síntomas y signos mencionados nos parecen muy familiares, debemos aceptar que tenemos una gran oportunidad para salir de esta situación y reencontrar la paz interior y, a través de ello, nuestra felicidad. Cada uno de nosotros tenemos la solución.

Para aprender a administrar el estrés, primero debemos cambiar la percepción que tenemos del problema al cual nos enfrentamos, ya que somos muy proclives a magnificarlo. Debemos, además, cambiar la percepción que tenemos de nosotros mismos: tendemos a menospreciar nuestras cualidades y potencialidades para enfrentar los problemas.[22]

Con respecto a la primera cuestión, debemos percibir el problema como menos amenazante de lo que es, lo cual nos ayudará a reducir su intensidad. En relación con el segundo es necesario tener más seguridad en nuestras habilidades para enfrentar el problema. De lo anterior podemos deducir que lograremos dominar el estrés en la medida en que tengamos capacidad para minimizar el problema e incrementar nuestro poder personal para enfrentarlo.[23]

Para lograr lo anterior, debemos detectar cuáles son los sucesos y circunstancias que nos causan mayor estrés y cómo podemos influir positivamente sobre ellos para que, al poner nuestro poder personal en acción y aceptar que el problema no es tan grave, transformemos estos retos en oportunidades para crecer emocional y espiritualmente. Esto se logra cuando, al cambiar nuestra percepción de los problemas, ganamos control sobre ellos, convertimos el estrés en un reto de crecimiento, no en una amenaza. Además, al comprometernos a enfrentar los acontecimientos que se nos presentan, nos liberamos de ser atrapados por ellos y convertimos al estrés en una circunstancia manejable.

En relación con los sentimientos que son parte de la experiencia humana, debemos reconocer que jamás podemos evitarlos. Algunos son negativos, como la irritación, el miedo y la culpabilidad, y otros, positivos. Ambos son inevitables. Cuando alguien nos engaña, nos enojamos; la muerte de un ser querido nos causa tristeza; ganar un maratón nos provoca alegría y satisfacción. Debemos aprender a experimentar con madurez ambos tipos de sentimientos, evitando atarnos a ellos de manera permanente.

No hay que olvidar que los diversos acontecimientos de nuestra existencia afectan nuestra salud física y nuestro bienestar emocional. En este punto, lo importante es controlar nuestras emociones. No siempre es malo enojarse, ni siempre es oportuno ser demasiado tolerante. Ante los diferentes sentimientos positivos o negativos debemos ser suficientemente maduros.

En síntesis, *la plenitud de nuestra vida depende de nuestra capacidad de aprender a disfrutar del ejercicio físico frecuente, de vivir una cultura sana en relación con nuestros hábitos de alimentación y de administrar nuestro estrés, visualizando los problemas menos amenazantes de lo que son y revalorando nuestras habilidades para enfrentar dichos problemas. Una vez más, ratificamos que el logro de todo ello está en nuestras manos.*

RESUMEN

❧ Si queremos lograr una estabilidad tal que nos permita disfrutar y vivir intensamente nuestras vidas, debemos cuidar muy bien nuestra salud física y nuestro bienestar emocional.

❧ El ejercicio físico incrementa nuestro nivel de energía y nuestra capacidad pulmonar y cardiaca; nos libera de tensiones; con él quemamos calorías, perdemos peso, reducimos nuestros malestares físicos y mejoramos nuestro carácter. En una palabra, nos permite tener una mayor calidad de vida.

❧ Nuestra salud nos impone una práctica alimentaria de calidad, lo cual implica ingerir alimentos de preferencia no procesados tres veces al día, agua en abundancia y un complemento vitamínico de acuerdo con nuestra edad. Una alimentación de calidad no es un problema de dieta o sacrificio, sino una decisión para lograr mejor calidad de vida.

❧ En lo referente a nuestra vida emocional es indispensable saber administrar el estrés. Existe una correlación entre el nivel de estrés y los ataques cardiacos, la presión alta, las úlceras y los desórdenes nerviosos. El problema no es el estrés en sí, porque es parte de nuestra vida, sino permitir que éste se convierta en una presencia constante y enajenante.

☞ Saber administrar nuestro estrés implica cambiar la percepción del problema que enfrentamos, pues somos muy proclives a magnificarlo, y cambiar la percepción que tenemos de nosotros mismos. No debemos menospreciar nuestras cualidades y potencialidades para enfrentar los problemas.

Capítulo XI

Lo mejor de nuestras vidas siempre pasa en familia

Los grandes acontecimientos de nuestra existencia que fraguan nuestro destino, los vivimos en nuestras familias. Allí es donde vivimos plenamente el amor, pues nuestros padres se nos entregan sin esperar nada a cambio. Allí es donde aprendemos a amar y a disfrutar de la vida al sentirnos amados por los demás, desde nuestra concepción hasta nuestra muerte porque cada una de nuestras familias es una comunidad de amor. Si la familia está desintegrada, es difícil que internalicemos esta cultura de amor tan importante en nuestras vidas. Allí es donde experimentamos las primeras alegrías y los sufrimientos que nos van forjando para enfrentar de modo maduro la vida. Allí nos enseñan a enfrentar los conflictos en armonía y nuestros padres sellan con tinta indeleble los valores que habrán de ayudarnos a enfrentar correctamente los dilemas. Allí experimentamos que lo que realmente nos da la felicidad es ser alguien, no tener cosas. Muchas familias que poseen demasiado también son demasiado infelices. Allí practicamos la solidaridad ante las necesidades y el sufrimiento de los demás. A través del ejemplo de nuestra madre que pone todo esfuerzo en detalles ordinarios para hacer de nuestro hogar un lugar al cual todos deseamos llegar, valoramos lo importante de la fascinación de lo cotidiano. Allí experimentamos que si tenemos buena salud física y emocional, nuestra calidad de vida mejora de manera extraordinaria. Pero todo lo anterior jamás sucedería si no vivimos con plenitud esa realidad dentro de una familia verdaderamente integrada.

> *Por eso todos debemos valorar a nuestra familia como lo mejor que tenemos, porque es allí donde se fragua nuestra felicidad.*

Todos, pues, debemos cuidar la integración familiar, aprovechar nuestras vivencias en familia para estimular nuestra formación y desarrollo, consolidar nuestras familias como la base de la sociedad y abrirla a la solidaridad.

Para lograr lo anterior necesitamos esforzarnos por compartir nuestro tiempo con la familia, en muchas ciudades cada vez es más frecuente que en la mayoría de los hogares, los padres y los hijos no realicen ninguna de las tres comidas diarias juntos. Cada quien come a la hora que puede, convirtiendo a los hogares en hoteles y restaurantes, lo cual imposibilita que se puedan transmitir los valores y recultiven todas estas vivencias que hemos mencionado previamente. Estamos conscientes que no es fácil compartir diariamente la vida, pero debemos luchar por lograrlo: esto depende de nosotros, de nadie más.

Cuando se le pregunta a cualquier persona qué es lo más relevante, si ganar mucho dinero o disfrutar la familia, siempre la respuesta es su familia. Pero si vemos a qué dedica esa persona su tiempo y sus energías, verificamos que su actuación no corresponde a su respuesta. Parte muy temprano hacia su trabajo y permanece en él hasta altas horas de la noche, porque desea proporcionar a su familia muchos recursos, es decir, un mayor bienestar. Sin embargo, esta rutina reduce las oportunidades de su presencia física y de manifestar en forma más íntima su amor a la familia.

Muchas personas se estresan demasiado en su trabajo, por la preocupación de acumular más riqueza; esta circunstancia los lleva a descargar su estrés contra su familia, en lugar de llevarles paz y felicidad.

Sin embargo, nuestras familias, reclaman algo más que un elevado nivel de vida: exigen nuestra presencia, nuestro afecto, nuestro sincero interés de esposo y de padre o de esposa y de madre.

A nosotros, los padres de familia, nos toca esforzarnos por formar y mantener un hogar en el que germine y madure la cultura del amor, lo cual sólo podrá concretarse si los esposos vivimos día a día el amor. Es triste contemplar muchos matrimonios que viven la cultura del doble estándar: hacia fuera proyectan que son felices, que existe armonía; sin embargo, en el interior del hogar viven destrozándose uno a otro, lo cual imposibilita que se pueda transmitir esta cultura de amor a los hijos.

La familia, fundada y vivificada por el amor, es una comunidad de personas: de los esposos, de los padres, de los hijos y de los parientes. Su primer cometido es el de vivir fielmente la realidad de compartir la vida, con el empeño constante de desarrollar una auténtica comunidad de personas. El principio fundamental, la fuerza permanente y la meta última de tal cometido es el amor. Así como sin el amor la familia no es una comunidad de personas, así también sin el amor la familia no puede vivir, crecer y perfeccionarse como comunidad de personas.

El amor en el matrimonio tiene que ser visto de una forma más amplia: debe vivirse entre los miembros de la familia, padres e hijos, hermanos y hermanas, parientes y familiares, siempre animado e impulsado por un dinamismo interior y constante que conduce a la familia a una unión y solidaridad cada vez más profundas e intensas.

Todos los miembros de la familia, cada uno según su propio carisma, tienen la responsabilidad de construir, día a día, una auténtica comunidad de personas, que se distinga por su ayuda mutua, para que todos crezcan en todas sus dimensiones, haciendo de la familia una auténtica escuela de los valores humanos de tal forma que se extienda al cuidado y amor hacia los pequeños, los enfermos y los ancianos compartiendo con ellos los bienes, las alegrías y los sufrimientos.

Un factor fundamental para construir esta peque-
ña comunidad de amor es el intercambio amoroso
entre padres e hijos, en que cada uno da y recibe.
Mediante el amor, el respeto y la obediencia a los
padres, los hijos aportan su específica e insustituible
contribución a la edificación de una familia auténticamente humana.

La unión familiar puede conservarse y perfeccionarse sólo con un gran espíritu de sacrificio. Exige, en
efecto, una pronta y generosa disposición de todos a
la comprensión, a la tolerancia, al perdón y a la reconciliación. Ninguna familia ignora que, en muchas ocasiones, el egoísmo, el desacuerdo, las tensiones y los
conflictos nos llevan a la violencia y a veces hieren
mortalmente la unión de la familia. Éstas son algunas
de las múltiples y variadas causas de división de la
vida familiar, de familias destrozadas, porque algunos de los miembros guardan rencores y odios por
detalles insignificantes, de hijos alejados de sus padres, de hermanos y cuñados que no se hablan. En
síntesis, dejamos de disfrutar de lo más, como es el
amor y la unión de la familia, por lo menos, todo lo
cual es originado por nuestro egoísmo.

La familia, pues, ha de ser la primer escuela del
amor y de la solidaridad. La primer escuela de todos
los valores humanos. ¡Grande es, pues, la responsabilidad de los padres! No debemos olvidar que los
responsables principales de transmitir los valores
somos los padres; los colegios y las universidades
sólo tienen resposabilidad subsidiaria. Los valores

se originan en la familia, las instituciones educativas los fortalecen.

El amor y la vida que florecen en la familia no deben encerrarse en el ámbito limitado de la misma familia, sino que deben proyectarse en opciones concretas de servicio social. La familia debe estar abierta al servicio de los demás. El amor de una pareja que no se irradia hacia fuera, especialmente hacia los que sufren, no es un amor pleno ni sólido.

En el mundo actual, sobre todo en las grandes ciudades, la familia se deteriora de modo impresionante, cuando debiera ser un lugar de auténtica serenidad y de crecimiento armonioso. Nunca estará de más todo esfuerzo que se haga para consolidar la institución familiar.

Para el hombre, el amor a la esposa y a los hijos debe ser el camino natural para la realización de su paternidad. En el caso de nuestra patria, donde las condiciones sociales y culturales generan en el padre un cierto desinterés por la familia, o a tener una presencia menor en la acción educativa, es necesario esforzarse para que se recupere la convicción de que el puesto y la función del padre son de una importancia única e insustituible. Como la experiencia enseña, la ausencia del padre provoca desequilibrios psicológicos y morales además de dificultades notables en las relaciones familiares. Asimismo, en circunstancias opuestas, su presencia opresiva, especialmente en aquellos hogares donde todavía rige la superioridad abusiva de las prerrogativas masculinas, humilla a la mujer e inhibe el desarrollo de sanas relaciones familiares.

Para disfrutar los mejores momentos de nuestra vida en familia, es importante que les dediquemos atención y les demos su lugar a los mayores. No debemos olvidar que cada uno de los seres humanos es una vida en crecimiento, desde la primera chispa de la existencia hasta el último aliento.

Cada etapa de la vida, incluida la de los abuelos, es vital para nuestras familias, pues son ellos quienes nos trasmiten los valores y las tradiciones que fortalecen la unidad familiar.

La situación de los ancianos es uno de los grandes problemas de nuestra sociedad. No es sólo una cuestión de asistencia, de beneficencia y de servicio. Es necesario que todas las personas gocen de un envejecimiento activo. El problema fundamental es la valorización de los seres humanos. Es prioritario que la riqueza humana y espiritual, las reservas de experiencia y de consejo acumuladas en el curso de toda una vida no se dispersen, sino que se canalicen en beneficio de las generaciones más jóvenes.

Las personas mayores sufren no sólo debido a su ancianidad, sino también a causa de las diversas molestias que implica la falta de salud. Sin embargo, su sufrimiento es mayor cuando no encuentran la debida comprensión y gratitud por parte de aquellos de quienes tienen derecho a esperarla.

Debemos mirar a nuestros abuelos con respeto y cariño. A ellos debemos nuestra existencia, la educación y el sostenimiento de nuestros padres, que con frecuencia han sido pagados con duro trabajo y mucho sufrimiento. No pueden ser tratados como si ahora fueran inútiles. Aunque les falten las fuerzas para desarrollar las acciones más sencillas, tienen, sin embargo, la experiencia de la vida y la cordura que muchas veces falta a los adultos y a los jóvenes.

La ancianidad es una coronación de las diversas etapas de la vida. Lleva la cosecha de lo que se ha aprendido y vivido, la cosecha de lo que ha obrado y conseguido, la cosecha de cuanto se ha sufrido y soportado, así como al final de una gran sinfonía, retornan los temas dominantes para fundirse en una potente síntesis sonora.

Por ello, los ancianos son muy valiosos e indispensables para la familia y la sociedad. ¡Cuánta ayuda aportan a los jóvenes, a los padres y a los pequeños con su ciencia y experiencia! Su consejo y su acción son vitales para tantos grupos en los que están colaborando, y para tantas iniciativas sociales. Seámosles agradecidos. Ellos, a su vez, tienen necesidad de ser sostenidos y confortados en las dificultades en las que pueden encontrarse a causa de la salud y de la soledad.

Los padres no debemos olvidar que somos los primeros y principales educadores de nuestros hijos: al engendrar en el amor y por amor nuevas personas, debemos asumir la tarea de ayudarlos a entender la razón de vivir.

La familia es la primer escuela de valores humanos y sociales que necesitan, hoy especialmente, todas las estructuras civiles y políticas. Debemos educar a nuestros hijos en los valores esenciales de la vida, en el sentido de la verdadera justicia, del auténtico honor, del respeto a la dignidad propia y ajena, pero más aún en el sentido del verdadero amor, como servicio desinteresado hacia los otros, en particular hacia los más pobres y necesitados.

Cuando hemos podido crear en nuestras familias una comunidad de amor, una comunidad al servicio de la vida y de la sociedad, experimentamos la afirmación de que siempre los mejores momentos de nuestras vidas, las mayores alegrías, incluso los momentos de mayor dolor y sufrimiento, están estrechamente relacionados con nuestra sangre, con nuestra familia. Quién no recuerda el nacimiento de sus hijos, su primera comunión, su bautizo, los quince años de nuestras hijas, los cumpleaños de los abuelos, o de nosotros, las bodas de nuestros hijos, su graduación, el ascenso de un hijo en el trabajo. Siempre los mejores momentos son en torno a los nuestros.

Inclusive en los momentos en que el sufrimiento nos visita, al contar con una familia donde se ha cultivado el amor y la solidaridad, la carga de las penas y tristezas se hace más ligera, lo cual permite que estas experiencias estimulen el crecimiento de los miembros de la familia.

En síntesis, la familia es la piedra angular de nuestra existencia, porque de niños ahí formamos nuestra personalidad y fraguamos nuestros ideales; de jóvenes encontramos en ella los consejos que nos permiten salir adelante en esta etapa decisiva de la vida, y de adultos encontramos el aliento en las dificultades y el gozo de las auténticas alegrías que nos depara la vida.

RESUMEN

➥ No podemos negar que los grandes acontecimientos de nuestra existencia, donde se fragua nuestro destino, se viven en nuestras familias.

➥ Nuestras familias reclaman algo más que el nivel de vida que podemos darles: exigen nuestra presencia, nuestro afecto, nuestro sincero interés de esposo y de padre o de esposa y madre.

➥ En nuestras familias debemos compartir la vida con el fin de desarrollar una auténtica comunidad de personas, fundada en una relación amorosa, no egoísta.

➥ Todos los miembros de la familia, cada uno según su propio carisma, tienen la responsabilidad de construir, día a día, una auténtica comunidad de personas basada en la ayuda mutua, para que todos alcancen su plenitud humana.

➥ La unión familiar puede conservarse y perfeccionarse sólo con un gran espíritu de sacrificio. Exige, en efecto, que todos estén dispuestos a la comprensión, a la tolerancia, al perdón, a la reconciliación.

➥ El amor de una pareja que no se irradia hacia fuera, especialmente hacia los que sufren, no es un amor pleno ni sólido. Para que esto ocurra, como pareja debemos ir en búsqueda de quienes demandan nuestra entrega irrestricta.

☞ En las grandes ciudades, la familia se deteriora de modo impresionante, cuando debiera ser un lugar de auténtica serenidad y de crecimiento armonioso. Nunca estará de más todo esfuerzo que se haga para consolidar la institución familiar.

☞ Nunca será correcto decir que alguien estorba. Cada etapa de la vida, especialmente la de los abuelos, es vital para nuestras familias; son ellos quienes nos trasmiten los valores y las tradiciones que fortalecen la unidad familiar.

☞ A los abuelos debemos mirarlos con respeto y cariño ya que a ellos debemos nuestra existencia, la educación, nuestro sostenimiento, que con frecuencia han sido pagados con duro trabajo y mucho sufrimiento. Seamos agradecidos, pues ellos tienen la experiencia de la vida y la cordura que muchas veces falta a los adultos y jóvenes.

☞ Cuando hemos sido capaces de crear en nuestras familias una comunidad de amor, una comunidad al servicio de la vida y de la sociedad experimentamos la afirmación de que siempre los mejores momentos de nuestras vidas y las mejores alegrías, incluso los momentos de mayor valor y sufrimiento que hemos vivido, están relacionados con nuestra sangre, con nuestra familia.

Capítulo
XII

Después de todo,
¿qué?

La pregunta que late en todo corazón humano relacionada con la trascendencia, después de las fatigas, luchas, sufrimientos, contrariedades, gozos, éxitos e ideales, es: ¿cómo se seguirá viviendo todo lo bueno que se vivió?

Los hombres siempre buscamos inmortalidad. No nos referimos al ansia de una vida sin fin, sino a la búsqueda de alguna forma de dejar algo que perdure para siempre, alguna forma de no pasar al olvido.

Los poderosos siempre han buscado inmortalizar su memoria legando a la posteridad grandes monumentos a los que dieron su nombre o dejando recuerdos de su presencia en esculturas, monedas, pinturas, etcétera. Los genios, en sus grandes creaciones artísticas. Y casi todos, perpetuándose a través de su descendencia y de sus obras.[24]

El hombre se esfuerza por dejar huellas de su paso por la tierra y quisiera que las mismas no quedasen impresas en la arena.

A medida que pasan los años se siente más vivamente la necesidad de dar fruto, de dejar la tarea hecha, de mirar para atrás y ver que nuestra vida no ha pasado como el agua sobre las piedras, sin dejar rastro.

Con el paso de los años, pocas cosas nos dan una sensación más fuerte de desaliento que advertir lo vacíos que fueron los años transcurridos, una vida malgastada inútilmente que ya no hay posibilidad de recuperar. Por el contrario, pocas cosas ayudan a lograr tanta serenidad de espíritu como cuando, a pesar de las limitaciones humanas que siempre tendremos, hemos procurado gastar generosamente los años de vida al servicio de los demás.

Quizás habíamos soñado con realizar grandes hazañas, en las que éramos los protagonistas. Sin embargo, pasaron inviernos y veranos que nos trajeron las primeras canas y esos momentos no aparecieron en el horizonte. Tal vez ahora pensamos que no eran ni tan importantes ni tan necesarios. Y distraídos en esos sueños, lamentamos haber perdido ocasiones abundantes y cotidianas en las cuales podríamos haber logrado una gran paz interior y satisfacción en nuestras vidas. Así, por ejemplo, el trabajo realizado hasta el final, la paciencia ante las contrariedades, la sonrisa en el cansancio, la comprensión ante los defectos ajenos, la sobriedad de vida, la ejemplaridad en la conducta diaria, la honradez en el desempeño de las obligaciones profesionales, la generosidad en el empleo de nuestro tiempo, las obligaciones familiares vividas con alegría, son algunas, entre tantas, de esas ocasiones transcurridas.[25]

A medida que transcurre nuestra existencia la palabra muerte nos atemoriza y preferimos no pensar en ella. Es una realidad que contemplamos a diario y sin embargo se diría que, con frecuencia, vivimos ignorándola, como si no existiera o, en todo caso, como si a nosotros no nos afectase. Pero, querámoslo o no, nuestros días sobre la tierra están contados y llegará un momento que también se presentará para cada uno de nosotros.

> *No olvidemos que aunque la muerte nos cause repugnancia, rebelión, miedo y hasta terror, nunca podremos dudar de ella.*

La actitud personal ante la incuestionable realidad de la muerte es algo que necesariamente se ha de relacionar con la actitud personal ante la vida. Además, es lógico que así sea, pues vida y muerte son el anverso y el reverso de nuestra existencia. Por eso la mejor manera de entender y aceptar la muerte suele ser la de aquellos que han entendido el sentido de su vida y han obrado en consecuencia.

No podemos considerar la vida como una realidad que hay que sobrellevar hasta que llegue lo que, desde esta perspectiva, podríamos llamar el esperado gran momento de la muerte. Es bueno amar la vida y cuanto de amable hay en ella, y es bueno desear vivir largos años sobre la tierra, pues no es poco lo que se puede y se debe hacer en beneficio de los demás y de uno mismo. Sin embargo, no debemos olvidar que estamos de paso y que nos encaminamos hacia una mejor vida.

Para vivir día a día, con intensidad y dando un sentido pleno y recto a cada uno de nuestros pensamientos, palabras y obras, necesitamos tener presente el valor que para la vida futura tienen cada uno de nuestros actos. También debemos pensar que las huellas que dejemos de recorrer en el camino de la vida marcarán, también, nuestro futuro.

Aunque sintamos tristeza por dentro al pensar que un día nuestros ojos se cerrarán y no volveremos a compartir aquí, junto a nuestros seres queridos, sentimientos y afanes, para quienes somos creyentes la fe nos dice que ese cambio no es un salto en el vacío, que no es cierto que pasemos del ser al no ser, de la vida a la aniquilación, a la nada. La fe nos dice que, si hemos recorrido bien el camino, sólo cambiaremos de casa y desde allí velaremos y ayudaremos más poderosamente a los que hemos dejado aquí abajo, y de una manera espiritual estaremos más unidos a ellos que nunca.[26]

La vida transcurre tan aprisa, son tantas y tan apremiantes las cosas que acaparan nuestra atención, es tan complicado el ambiente en el que hemos de desenvolvernos, que frecuentemente la vida se parece a una carrera alocada en la que vamos muy aprisa pero sin saber muy bien hacia dónde nos dirigimos: con subsistir del mejor modo posible nos contentamos, olvidándonos de nuestra verdadera razón de vivir.

Pero no debería ser así. No somos ni ciegos ni irracionales. Ni tampoco máquinas cuya única misión consiste en fabricar cada vez más cosas. Somos seres humanos, personas, seres únicos e irrepetibles, con un fin concreto para el que hemos nacido. Y el éxito de nuestra vida y la felicidad consistirá en el mayor o menor cumplimiento de ese fin.

En una frase famosa se resume en qué consiste el criterio sobre el cual habremos de rendir cuentas al final de nuestra existencia y de cuyo resultado depende nada menos que nuestra felicidad para toda la eternidad: *"En el atardecer de nuestra vida seremos juzgados en el Amor"* nos dice San Juan de la Cruz. *Es decir, por la capacidad de gastarnos y desgastarnos en el servicio de los demás.*

Si pensáramos siempre en este criterio nos prepararíamos mejor para ese momento irrepetible, y procuraríamos que a lo largo del camino que hemos de recorrer en la tierra fuera ése el motivo principal que nos moviese.

> *La actividad que cada uno desempeña importa más o menos, lo que verdaderamente importa es que todas nuestras acciones en la vida estén permeadas de amor.*

No es nuestra mayor o menor inteligencia o nuestra mayor o menor fortuna lo que nos va a salvar y hacer felices, sino esa otra moneda que está al alcance de todos, del rico y del pobre, del inteligente y del menos dotado, del sano y del enfermo, del joven, del anciano, que nunca se agota ni nunca se devalúa, que tiene un valor permanentemente actualizado y que se cotiza en todos los mercados del mundo. Dicha moneda es el amor con que transcurren nuestras vidas.

Los hombres tenemos cierta esperanza de algo más allá de la muerte. De alguna manera tenemos cierta esperanza de que la muerte no es el punto final. Es curioso que aunque no se crea en Dios y se afirme que con la muerte se acaba todo, en realidad siempre existe cierta esperanza por indefinida que sea de que con la muerte no todo se ha acabado.

Ocurre también que personas convencidas de que la muerte es el punto final, cuando están desahuciadas depositán su esperanza en algo… aunque no saben en qué.

En relación a la pregunta ¿Y DESPUÉS DE TODO QUÉ?, podemos encontrar la respuesta tanto a la luz de la razón como a la luz de la Fe, como lo hemos comentado previamente. A la luz de la razón podemos llegar a dos conclusiones.

Primero: el hombre es un ser trascendente que sólo se autorrealiza superándose a sí mismo, abriéndose y entregándose a los demás. Al bien, a la verdad, a la belleza y al amor.

Segundo: tenemos que aceptar que más allá de cada verdad parcial, de cada belleza concreta y de cada amor concreto, el hombre va en pos de la verdad absoluta, de la belleza absoluta, de la justicia absoluta y del amor pleno y eterno. Papini afirma que el único ser que es belleza, verdad, justicia y amor absolutos, se llama Dios.[27] Dado que los seres humanos tendemos hacia ese amor pleno, podemos concluir que los hombres, siempre en búsqueda de lo absoluto, vamos en pos del Ser Supremo.

Al iluminar la razón con la Fe enriquecemos la respuesta a la pregunta; porque además de lo expuesto previamente, los creyentes creemos que Cristo ha resucitado y que quienes creemos en él, resucitaremos con él.

Jesús, que asumió nuestra naturaleza humana y la muerte, con su resurrección ha ido más allá, ha pasado la otra puerta y nos la ha abierto a todos nosotros. Éste es el fundamento de nuestra fe, a tal grado que San Pablo, refiriéndose a este acontecimiento, afirma rotundamente que: "Si Cristo no resucitó, el mensaje que predicamos no vale nada, ni tampoco vale para nada la fe que ustedes tienen. Si nuestra esperanza en Cristo solamente está referida a esta vida, somos los más desdichados de todos."[28]

No debemos olvidar que cuanto hayamos hecho en la vida tiene valor en la eternidad. Ningún bien que hayamos hecho y ningún sufrimiento que hayamos padecido habrá sido en vano o habrá quedado sin fructificar.

La resurrección de Jesús arroja una luz completamente nueva que vuelve transparente todo cuanto pudo habernos parecido opaco, absurdo y sin sentido: trabajos monótonos, rudos, fatigosos o despreciados; sufrimientos morales (humillaciones, dudas, preocupaciones, pérdidas de seres queridos e ingratitud) y físicos (enfermedades, dolores, vejez y muerte).[29]

Más aún, esta verdad no sólo nos garantiza que la muerte no pone punto final a nuestras vidas, sino que nos da la certeza de que nuestra aspiración a la verdad y belleza absolutas, así como al amor pleno y eterno, no es sueño de opio, sino auténtica sed que será saciada plenamente.

De acuerdo con lo expuesto, no sólo nuestro trabajo, nuestras grandes experiencias, el amor y nuestros sufrimientos adquieren un sentido, sino que la vida toda también lo tiene. *Nuestras vidas no están apoyadas en el vacío sino en un punto firme.* En "Ese otro" al que tendemos más allá de nuestros afanes, más allá de la belleza y verdades parciales, más allá del sufrimiento, más allá de todos aquellos a quienes amamos. "Ese otro" a quien llamamos "Dios" es el sentido último de nuestras vidas, por lo cual lo buscamos sin cesar.[30] Con razón San Agustín afirmó: *"Nos has hecho para ti y nuestro corazón está inquieto hasta que descanse en ti."*

En los encuentros momentáneos de nuestra existencia y en el encuentro definitivo a la hora de nuestra muerte, se cumplirá el sentido último de nuestra vida, porque *para el creyente lo que le espera en el horizonte no es la muerte, sino la vida.*

RESUMEN

☞ Los hombres siempre buscamos inmortalidad, buscamos alguna forma de dejar algo de nosotros que dure para siempre, alguna forma de no pasar al olvido.

☞ Aunque la muerte nos cause repugnancia, rebeldía y miedo, nunca podemos dudar de ella.

☞ Debemos tener siempre presente que, en el atardecer de nuestras vidas, seremos juzgados por el amor con el que hayamos vivido nuestra existencia.

☞ Para entender la muerte, de acuerdo con la razón tenemos que aceptar que el hombre va en pos de la verdad absoluta, de la belleza absoluta, de la justicia absoluta y del amor pleno. Dado que el único ser que es la verdad, la belleza, la justicia y el amor absolutos es Dios, los seres humanos tendemos hacia Él.

☞ Ante la pregunta: "Después de todo, ¿qué?", para quienes somos creyentes además de lo que la razón nos explica, encontramos una respuesta muy clara a la luz de la Fe: al resucitar Cristo nos abrió las puertas, para participar con Él en ese gozo eterno. "El que cree en mí, no morirá para siempre."

☞ Es muy recomendable iluminar a la razón con la fe para dar respuesta a la interrogante: "Después de todo, ¿qué?", ya que ambas nos permiten fundamentar que la muerte no es punto final de nuestras vidas, sino que nos dan la certeza de que nuestra sed del amor pleno y eterno será saciada plenamente.

CITAS BIBLIOGRÁFICAS

[1] Moya Corredor, Juan, *El sentido de la vida*, Ediciones Internacionales Universitarias, Barcelona, 1993, p. 68.

[2] *Ibid.*, p. 69.

[3] Martín Descalzo, José Luis, *Razones para la alegría*, Biblioteca Básica, 4a. ed., Madrid, 1986, p. 139.

[4] Moya Corredor, Juan, *op. cit.*, p. 60.

[5] *Ibid.*, p. 51.

[6] *Idem.*

[7] *Ibid.*, p. 52.

[8] Martín Descalzo, José Luis, *op. cit.*, p. 153.

[9] *Ibid.*, p. 144.

[10] Powell, John, *La felicidad es una tarea interior*, Editorial Diana, México, 1994, p. 17.

[11] *Ibid.*, p. 21.

[12] *Ibid.*, p. 26.

[13] *Ibid.*, p. 27.

[14] *Ibid.*, p. 29.

[15] *Ibid.*, p. 30.

[16] *Ibid.*, p. 31.

[17] *Ibid.*, p. 33.

[18] Anderson, Greg, *The 22 Laws of Wellness*, Harper Collins Publishers, Nueva York, 1995, p. 36.

[19] *Ibid.*, p. 46.

[20] *Ibid.*, p. 48.

[21] *Ibid.*, p. 66.

[22] *Ibid.*, p. 68.

[23] *Idem.*

[24] Scheifler Amézaga, Xavier, *En busca del sentido de la vida*, Editorial Trillas, México, 1990, p. 42.

[25] Moya Corredor, Juan, *op. cit.*, p. 124.

[26] *Ibid.*, p. 88.

[27] Scheifler Amézaga, Xavier, *op. cit.*, p. 145.

[28] *Ibid.*, p. 146.

[29] *Ibid.*, p. 147.

[30] *Ibid.*, p. 148.

BIBLIOGRAFÍA

Anderson, Greg, *The 22 Laws of Willness*, Harper Collins Publishers, Nueva York, 1995.

Chapman, Gary, *Los cinco lenguajes del amor*, Editorial Unilit, Miami, Fl., 1996.

Frankl, Víctor E., *El hombre en busca de sentido*, Editorial Herder, 18a. ed., Barcelona, 1996.

Kushner, Harold, *Cuando nada te basta*, Emecé Editores, España, Barcelona, 1986.

Martín Descalzo, José Luis, *Razones para la alegría*, Biblioteca Básica, Artes Gráficas Benzal, Madrid, 1986.

Moya Corredor, Juan, *El sentido de la vida*, Ediciones Internacionales Universitarias, Barcelona, 1993.

Powell, John, *La felicidad es una tarea interior*, Editorial Diana, México, 1994.

Scheifler Amézaga, Xavier, *En busca del sentido de la vida*, Editorial Trillas, México, 1990.